A papà

Antonella Fimiani

# Donna della parola

## Etty Hillesum e la scrittura che dà origine al mondo

APEIRON

Progetto grafico e impaginazione: Maria Korporal
www.mariakorporal.com

Finito di stampare nel mese di febbraio 2017
presso Arti Grafiche Cianferoni
Via della Ferriera 26/28
52017 Stia (Arezzo)

ISBN 9788885978973
Prima edizione, Sant'Oreste RM, 2017

© Apeiron Editori S.n.c.
Località Pantano
00060 Sant'Oreste RM – Italy
www.apeironeditori.com

# Sommario

# Introduzione

In fondo
al crepaccio dei tempi,
presso il favo di ghiaccio
attende, cristallo di respiro,
la tua irrefutabile
testimonianza.

Paul Celan*

## Il desiderio e il racconto

Karen Blixen racconta una fiaba ascoltata da bambina. La storia è quella di un uomo che vive in una casina nei pressi di uno stagno. Una notte è svegliato da un gran trambusto e si dirige fuori per vedere cosa sta succedendo. Nell'oscurità corre su e giù, inciampa, si rialza, cade di nuovo per poi riprendere il cammino. A guidarlo tutta la notte è un rumore di cui insegue alla cieca l'origine. La lunga ricerca termina con la scoperta di una falla sull'argine dello stagno da cui fuoriescono acqua e pesci. Dopo averla tappata, l'omino se ne torna a casa e si rimette a letto. Al mattino, dalla finestra vede con sorpresa che le sue orme hanno disegnato sul terreno la figura di una cicogna. «Quando il disegno della mia vita sarà completo, vedrò, o altri vedranno una cicogna?»,[1] si chiede a questo punto la scrittrice. Ogni vita lascia dietro di sé un disegno unico e irripetibile che è dato vedere solo alla

---

* Dalla raccolta "Svolta del Respiro", 1967, in *Poesie*, a cura di Giuseppe Bevilacqua, Mondadori, Milano 2015, 551.

1 Karen Blixen, *La mia Africa*, traduzione di Lucia Drudi Demby, Feltrinelli, Milano 2016, 200.

fine. Una immagine, né prevista né controllata, frutto di un percorso in cui si mescolano volontà e accidenti. Come per l'omino della fiaba che rincorre con determinazione tutta la notte il rumore senza sapere che sta disegnando una cicogna. La magia del racconto condensa in una notte il tempo della propria forma che appare nel miraggio del mattino. La fiaba si sa non è la vita dove solo alla fine c'è il nostro disegno e noi non possiamo vederlo. Come l'uomo può guardare la cicogna dal piano più alto della sua finestra, la storia di ognuno può essere restituita dallo sguardo altro di chi la racconta. «La storia rivela il senso di ciò che altrimenti rimarrebbe un intollerabile succedersi di meri avvenimenti»,[2] commenta Hannah Arendt. Il significato che salva la vita, dà forma a quello che altrimenti sarebbe un succedersi indistinto di fatti, è il disegno restituito dal racconto. La storia unisce i pezzi, distilla l'essenza e con l'immaginazione conferisce una unità altrimenti irripetibile. Una forma imprevista porta alla luce l'inedito di ogni esistenza. Un incontro in cui la volontà del desiderio si mescola alla contingenza del mondo. Un «capriccio del destino»[3] che ci ricorda come solo alla fine avremo il «privilegio di giudicare».[4] Il racconto ha un merito in più perché «rivela il significato senza commettere l'errore di definirlo». La narrazione restituisce in questo modo la fragile unità dell'esistenza; ha uno scopo terapeutico in quanto «induce all'accettazione e alla conciliazione con le cose come

---

2 Hannah Arendt, "Nota", in Karen Blixen, *Dagherrotipi*, traduzione di Bruni Berni, Adelphi, Milano 1995, 346.

3 L'espressione è il titolo della raccolta di racconti di Karen Blixen, *Capricci del destino*, traduzione di Paola Ojetti, Milano, Feltrinelli 2001. Il titolo originale è *Anecdotes of Destiny*.

4 Arendt, "Nota", 347.

esse sono realmente.»[5] «Qualunque dolore può essere sopportato se lo si trasforma in una storia», commenta la Blixen.[6]

È il bisogno di mettere insieme i frammenti sparsi della sua storia a indurre l'ebrea olandese Esther Hillesum a raccontarsi a viva voce attraverso la scrittura. A prevalere è l'urgenza di trovare una «forma» da sottrarre al «caos» che muove dentro. La depressione attanaglia corpo e mente. La scelta è quella di un diario in cui fermare il ritmo quotidiano della vita. La giovane rincorre il suo disegno, ne ascolta il ritmo segreto attraverso il filo del racconto. È una studentessa in lingue che vive ad Amsterdam dal 1932, anno in cui si è iscritta all'Università. È nata a Middelburg in Olanda il 15 gennaio 1914. Dopo una laurea in giurisprudenza conseguita senza troppa voglia, ha deciso di dedicarsi alla sua passione: il russo, la lingua materna. Quando inizia a tenere il diario, vive da circa quattro anni in Gabriël Metsustraat numero 6, nella casa di Hendrik (Han) J. Wegerif, un contabile rimasto vedovo col quale ha intrapreso una relazione. Lì svolge il lavoro di governante per sostenersi negli studi. Nella casa ci sono il figlio ventenne di Wegerif, Hans, studente in economia, la cuoca tedesca Christin Fransen (Käthe), Bernard Meylink, studente di biochimica, successivamente l'infermiera Maria Tuinzing. Sono anni di malessere interiore, ma anche di intense frequentazioni in un ambiente stimolante costituito da artisti e intellettuali, alcuni dei quali fuggiti dalla Germania nazista. È il caso dello psicoterapeuta Julius Spier, emigrato da Berlino proprio in quegli anni. L'incontro è di quelli che cambiano la vita. È lui l'argine al malessere che

5 *Ibidem.*
6 *Ibid.*, 246.

pulsa dentro, ma anche passione sconvolgente che accende la ricerca. Nel marzo 1941, prende forma il primo di undici[7] quaderni. È l'inizio del viaggio alla scoperta di sé, l'occasione di una avventura che la guerra fuori non arresta. Scritti tra il marzo 1941 e l'ottobre 1942, i quaderni raccontano di un percorso interiore cresciuto in parallelo a una realtà unica e tremenda: la seconda guerra mondiale. La ricerca della forma fa i conti con la contingenza del proprio tempo. Il desiderio di sé si mescola all'accidentalità di un destino sempre più inevitabile. È un viaggio tracciato dalla scoperta del legame crescente con la scrittura. La vocazione di scrittrice dà senso alla parola come scoperta di sé. La forma è la parola: scavo interiore che toglie il superfluo, riporta al nucleo inviolabile della propria identità e all'inedito dell'incontro con Dio. Di fronte gli enigmi del tempo, la scelta è di non fuggire dalla persecuzione nazista per andare volontariamente al campo di Westerbork. L'ambizione di scrittrice è rinviata a data destinarsi. A quando ci sarà tempo per avere tempo. L'urgenza è quella di esserci tra le baracche di un campo di transito per potere raccontare. La testimonianza è l'ultimo atto del linguaggio di fronte ai grandi interrogativi della propria epoca. Contro ogni previsione, il destino si compie nelle lettere dal campo scritte di getto nella miseria là dove la lingua sembra impossibile. La forma prende forma come estremo atto di resistenza. Il male non annienta la capacità della parola di dare senso al mondo perché non distrugge l'umano e la sua infinità. È questa l'eredità che risuona oltre il silenzio della sua morte. Una lingua tracciata dalla attitudine femminile ad

7 I quaderni sono in origine undici anche se il settimo non è stato mai ritrovato.

accogliere il cambiamento per dare origine al nuovo in atto già nelle macerie.

Il mio lavoro ricostruisce i tasselli di questa esistenza a partire dal legame che più di tutti ne conferisce senso: il rapporto vita-scrittura. La ricerca si sofferma sulla parola come creazione poetica attraverso l'analisi della relazione artistica con Rainer Maria Rilke per seguirne l'evoluzione nel linguaggio della testimonianza. I dialoghi con Hannah Arendt in modo particolare, Primo Levi, Robert Antelme, Elie Wiesel e Jean Améry restituiscono la complessità di un pensiero che anticipa i grandi interrogativi della letteratura del dopoguerra. La scelta di affidare il diario all'amica infermiera Maria Tuinzing, prima di partire per Westerbork, mostra come la Hillesum intuisse l'importanza dei suoi scritti. Il suo lascito è anche un desiderio. Quello che affida ad altri il racconto di sé per disegnare una immagine che in vita non si è riusciti a vedere. Se lasciarsi dietro un disegno è «l'unica aspirazione degna del fatto che la vita ci è stata data»,[8] il racconto della propria storia risponde al desiderio che più di tutti traccia l'umano. La narrazione dell'altro dà infatti risposta alla domanda nascosta nel cuore di ognuno: chi sono io?[9] Ancora prima di rivelare il significato di una esistenza, la biografia ne coglie il desiderio.

La mia ricerca è frutto di incontri senza i quali non sarebbe la stessa. Un grazie di cuore a Gerrit Van Oord per avere creduto nel progetto e avermi sempre sostenuta e incoraggiata.

---

8 Arendt, "Nota", 332.

9 Adriana Cavarero, *Tu che mi guardi, tu che mi racconti. Filosofia della narrazione*, Feltrinelli, Milano 2003, 11.

Il libro vede la luce per merito suo. Al maestro Antonio Petti la cui partecipazione è linfa per i miei studi. Alle amiche preziose Barbara Guglielmana e Lara Mustaro. A Massimo che sa tenermi per mano.

Julius Spier, 1940 ca.

# I. L'amore che apre la via

*Lui*

Etty Hillesum e Julius Spier si conoscono lunedì 3 febbraio 1941 ad Amsterdam. A farli incontrare è Gera Bongers, allora fidanzata con il coinquilino Bernard Meylink. Emigrato da Berlino, per fuggire dalle persecuzioni antisemite, Julius è un terapeuta di talento conosciuto. Il suo seguito è nutrito: uomini e, soprattutto, donne si riuniscono intorno allo *Spier-club*. Il terapeuta tiene incontri per iniziare gli allievi alla chirologia, disciplina da lui fondata il cui fine è studiare la mano per rintracciare inclinazioni originarie e conflitti del paziente. Le mani sono considerate il «secondo volto» dell'individuo, chiave di accesso alle verità della psiche.[1] La chirologia è una

---

1 Spier descrive la pratica nell'unico suo testo pubblicato postumo: Julius Spier, *Le mani dei bambini. Introduzione alla psicochirologia*, a cura di Rosario Contino, Nuova Ipsa Editore, Palermo 1998. Dalla lettura si evince che la chirologia sia altra cosa dalla chiromanzia, anche se la pratica non risulta avere alcuna validità scientifica. Nell'introduzione, l'autore ribadisce qual è lo scopo della pratica attraverso la citazione della frase di Pindaro «diventa ciò che sei». A tal proposito commenta: «ho scelto le penetranti parole di Pindaro perché contengono il punto di partenza e lo scopo del mio libro, che non è solo quello di interpretare e analizzare ma anche di indicare la strada che conduce alla realizzazione di sé, cioè di raggiungere una vera integrazione della personalità. Baso il mio approccio sull'assunto che l'uomo nasce con precise tendenze che nei casi normali decidono almeno in parte il suo sviluppo intellettuale e spirituale, mentre nei casi anormali lo possono totalmente determinare», in Julius Spier, *Le mani dei bambini*, 19.

parte della attività terapeutica. Spier è uno psicoterapeuta di impostazione psicoanalitica ispirato alla psicologia del profondo di Carl Gustav Jung, le cui lezioni segue personalmente a Zurigo. Interrotta la brillante carriera nel commercio, si dedica agli studi sulla lettura della mano con l'incoraggiamento dello stesso Jung. Nel 1929, il primo studio a Berlino ottiene un notevole successo. In fuga dalla Germania nazista, è la volta di un nuovo studio nella Courbetstraat n. 27, zona sud di Amsterdam. Una storia personale complessa e una personalità fortemente carismatica, quasi «magica». Traversie sentimentali, l'ex moglie e due figli in Germania e la fidanzata ex-allieva Hertha Levi ad attenderlo a Londra con la promessa di matrimonio. Etty Hillesum giunge da lui come «oggetto di analisi» ed è subito colpita dal fascino della sua personalità. È una donna intelligente, sensibile, vitale. Colta e libera eppure avvinghiata da un caos che getta confusione e sconforto nella sua vita. Una laurea in giurisprudenza senza entusiasmo, la passione per la scrittura priva di una una forte motivazione. Il legame difficile con la famiglia dalla quale vorrebbe prendere le distanze, ma da cui si sente sopraffatta. «Qui a casa regna uno strepitoso miscuglio di barbarie e alta cultura. Il capitale spirituale è a portata di mano, ma giace incustodito e inerme»,[2] scrive dopo uno dei suoi ritiri familiari a Deventer. La sua è una famiglia borghese intellettualmente colta e aperta per le abitudini del tempo. Questa apertura è vissuta da lei come assenza di un riferimento che possa arginarne il malessere. Il papà Louis è un uomo di cultura che, agli occhi della figlia, appare come trincerato

---

2 *Diario*, 137, 8 agosto 1941. Vedi pagina 156.

in un mondo tutto suo.[3] «Mio padre, a un'età avanzata, ha sfumato tutte le sue insicurezze, dubbi, probabilmente anche complessi di inferiorità puramente fisici, difficoltà irrisolte nel suo matrimonio, ecc. ecc. – ha sfumato tutto ciò grazie a un atteggiamento filosofico del tutto schietto, amabile, pieno di umorismo e molto acuto, ma con tutta la sua acutezza molto vago. [...] Sotto questa filosofia, che giustifica tutto, che guarda solo all'aneddotico senza approfondire le cose [...] sotto la superficie di questa filosofia rassegnata che dice: vabbè, tanto chi mai può saperlo, si apre il caos».[4] I fratelli Jaap e Mischa sono giovani di talento segnati da una malattia mentale vissuta come una minaccia familiare. La madre Riva: una donna dal temperamento impetuoso la cui origine russa[5] è avvertita come elemento destabilizzante. Una eccentricità nel contempo familiare ed estranea. Il rapporto con lei è ambivalente, tracciato da una identificazione che è conflitto, desiderio di affrancarsi dall'ingombrante modello femminile. L'amore per il russo, la «lingua materna», l'ha portata a

---

3 Louis (Levi) Hillesum (1883-1943), ebreo olandese assimilato studioso di lingue classiche, il padre svolge a Deventer l'incarico di preside del liceo frequentato dalla figlia, prima di essere rimosso dagli occupanti nazisti il 29 novembre 1940.

4 *Diario*, 247. 30 novembre 1941.

5 Dopo avere lasciato la Russia per emigrare in Olanda, a causa dell'insostenibile situazione per gli ebrei, Riva (Rebecca) Bernstein incontra e sposa ad Amsterdam Louis (Levie) Hillesum. Oltre a Etty, nascono Jaap (Jacob) il 27 gennaio 1916 e Mischa (Michel) il 22 settembre 1920. Dopo la brillante carriera universitaria, Jaap esercita la professione medica. A diciassette anni scopre un nuovo tipo di vitamina. Mischa è un virtuoso del pianoforte apprezzato dai maggiori musicisti olandesi dell'epoca.

iscriversi di nuovo all'università. A prevalere è l'urgenza di trovare una propria via. Specie nella prima parte del diario, antichi fantasmi del materno ritornano evocando paure e disagi. Come quando ricorda la reazione emotiva alla avidità con cui la madre si avventa sul cibo in una festa di casalinghe. «Io ero seduta sulla balconata di quella piccola sala del teatro di Deventer. La mamma era seduta in basso, a una tavolata con molte altre casalinghe. Aveva un vestito azzurro guarnito di pizzi. E mangiava, completamente assorbita dal cibo: mangiava con avidità e con abbandono. A vederla così, d'un tratto, da quella balconata, aveva qualcosa di toccante. Mi disgustava e insieme mi faceva una pena enorme. Non riuscivo a spiegarmelo. Era come se temesse che le sarebbe venuto a mancare qualcosa nella vita, era uno spettacolo terribilmente triste e bestialmente disgustoso. Così lo vedevo io. In realtà, lei era una casalinga dal vestito azzurro guarnito di pizzi che mangiava la minestra».[6] L'ingordigia materna è specchio della sua fame spasmodica, di quello che definisce il «problema cibo». Grandi abbuffate a cui seguono violenti mal di pancia e periodi di spossatezza e depressione. I frequenti mal di testa e il «mezzo chilo» di aspirine a cui fa ricorso sono il sintomo di un disagio che paralizza la sua vita. La fame è richiamo atavico di un bisogno di tenerezza che nelle relazioni sessuali ha una forma di appagamento. «Quando incontro un uomo, indago immediatamente le sue potenzialità sessuali».[7] Una «forte inclinazione erotica» e un «gran bisogno di carezze e tenerezze»[8] la spingono in relazioni che si rivelano uno

6 *Diario*, 226-227. 14 novembre 1941.
7 *Diario*, 126. 5 agosto 1941.
8 *Diario*, 196. 6 ottobre 1941.

*Spielerei,* un «passatempo» che gira intorno all'essenziale. Un trastullarsi straziante dalla potenza di un desiderio senza nome che nel corpo ha l'urgenza più elementare. La decisione di entrare in terapia non è immediata. «Poi ci fu la sua conferenza. Ci ero andata unicamente per poterlo osservare da una certa distanza, prima di affidarmi a lui con l'anima e tutto quanto. Buona impressione, conferenza di prim'ordine. Un uomo affascinante. E un sorriso affascinante, malgrado tutti quei denti finti. Colpita da una sorta di libertà interiore che emanava da lui, dalla sua scioltezza e disinvoltura, dalla grazia tutta speciale di quel corpo pesante.»[9] Il diario vede la luce l'otto marzo 1941 con la minuta di una lettera indirizzata a lui. È l'inizio di pagine e pagine di quaderni in cui «S.», come ama chiamarlo nell'intimo delle carte, domina per gran parte incontrastato nel crescere di un desiderio ossessivo e dirompente. L'idea di tenere un diario è di lui che la incita a dipanare nella scrittura la matassa del groviglio interiore. L'incontro è decisivo. «Vorrei fissare quel momento di stamattina, per quanto mi sia già quasi sfuggito. Per un istante, a forza di pensare lucidamente, ero riuscita a impadronirmi di S.: i suoi occhi limpidi e puri, la grande bocca sensuale, la corporatura massiccia quasi taurina, i movimenti liberi e leggeri come piuma. Il conflitto tra corpo e anima, che in quest'uomo di cinquantaquattro anni è ancora vivissimo. Sembra quasi che io stessa sia schiacciata sotto il peso di quel conflitto. Sono come sotterrata dalla sua personalità e non riesco a liberarmene.»[10] Il magnetismo che emana dal quel corpo è nel contempo intellettuale, spirituale ed erotico. La

9 *Diario,* 33. 9 marzo 1941.
10 *Diario,* 31. 9 marzo 1941.

donna percepisce l'ambiguità di una relazione destinata ad assumere la forma di un'amicizia in cui terapia, spiritualità, cultura ed erotismo si mescolano in una miscela straordinaria e potenzialmente esplosiva.

*Verità del desiderio*
La sera del 19 marzo 1941 scrive: «[...] la battaglia si farà dura. Oggi pomeriggio la sua bocca e il suo corpo erano così vicini, non riesco più a dimenticarli. Non voglio avere una relazione con lui. Però stiamo andando in quella direzione. Ma *non* lo *voglio*. La sua futura moglie è a Londra, sola, e l'aspetta. E, per parte mia, ho ben cari i miei legami. Ora che sto diventando più "raccolta", mi rendo conto di essere una persona terribilmente seria che non scherza con l'amore. Voglio avere un uomo per tutta la vita e voglio costruire qualcosa con lui.»[11] L'attrazione è reciproca. L'uomo non ne fa mistero, ma ribadisce di non volere alcuna relazione sentimentale. C'è la fidanzata «sola e triste» ad attenderlo a Londra quando la guerra sarà finita. La Hillesum stessa vive da quasi cinque anni un legame con il vedovo contabile Han Wegerif. Un rapporto con un uomo molto più grande di lei, chiamato affettuosamente Pa (papà) Han, che la rassicura.

Caratterizzati da una insolita lotta fisica tra terapeuta e paziente, gli incontri sono pieni di una sensualità che mette a dura prova. Le sedute hanno ben poco di professionale e l'ambiguità della relazione si muove sul crinale della disparità in cui è la donna a pagarne il prezzo più alto. Il rapporto è sbilanciato su più livelli. La Hillesum è una paziente bisognosa di cure; è una donna in un ambiente che, come scrive,

---

11 *Diario*, 70. 19 marzo 1941.

risente della disparità culturale e sociale tra i sessi; è una giovane donna la cui storia e comprensione del mondo sono ancora tutte da farsi rispetto a un uomo di circa il doppio dei suoi anni. Lucidamente riporta il 24 marzo del 1941: «[...] bel modo di curare i pazienti, così tu hai pure il tuo piacere e per giunta ti pagano, anche se poco. [...] Per un paio di giorni non avevo potuto fare nient'altro che pensare a lui: pensare non è la parola giusta, era piuttosto una soggezione fisica. Il suo corpo grosso e agile mi minacciava da tutte le parti, era sopra di me, sotto di me, era dappertutto e minacciava di schiacciarmi, non potevo più lavorare e pensavo con orrore: Dio mio che cosa ho combinato, sono andata da lui per farmi curare psicologicamente, per trovare un po' di chiarezza in me stessa, e ora mi capita questo ed è peggio che mai».[12] L'evoluzione dell'incontro è segnata: Etty diventa la paziente, l'allieva e in seguito l'amante di Julius. I mesi che seguono sono la messa in scena di un rapporto totalizzante. La giovane avverte il peso di una relazione schiacciante e tuttavia depositaria di un cambiamento al quale non può rinunciare. Le sedute hanno un effetto positivo sulla psiche. Gli esercizi fisici mattutini, la lettura quotidiana della Bibbia, la scoperta della meditazione. La presa d'atto di un legame crescente con la scrittura come scoperta di sé. Spier la guida verso se stessa tenendola per mano. È l'argine necessario al magma caotico della sua interiorità. Più che la terapia, è il rapporto umano a dare una nuova prospettiva alla esistenza. L'incontro appassionato con l'uomo, prima ancora che col terapeuta, la mette di fronte alla sua famelicità senza nome. L'amicizia costringe a fare i conti con il nucleo di una «possessività elementare»

12 *Diario*, 88-89. 24 marzo 1941.

che spinge a volere tutto senza trovare appagamento in nulla. «Una volta, se mi piaceva un fiore, avrei voluto premermelo sul cuore, o addirittura mangiarmelo. La cosa era più difficile quando si trattava di un paesaggio intero, ma il sentimento era identico. Ero troppo sensuale: vorrei quasi dire troppo "possessiva"; provavo un desiderio troppo fisico per le cose che mi piacevano, le volevo avere. Ecco perché sentivo sempre quel doloroso, insaziabile desiderio, quella nostalgia per un qualcosa che mi appariva irraggiungibile.»[13] L'uomo si dà umanamente, ma si nega all'esclusività di un rapporto tutto per sé. La presa di posizione è netta: tra i due non potrà esserci alcuna futura vita insieme. Per molto tempo, Julius cerca di sottrarsi a una relazione sessuale in nome, dice, di un patto di fedeltà con la fidanzata. La giovane è costretta a fare i conti con la gelosia, una frustrazione alimentata dall'ambiente quasi esclusivamente femminile dello *Spier-club*. Lo psicochirologo è un *ladyman*, un «uomo da donne», come lo definisce ironicamente un'amica,[14] consapevole del suo ascendente sulle donne che lo seguono come incantate. È anche un uomo, come ribadisce la Hillesum, dalla forte sensibilità femminile e capace di leggere nel profondo. Agli occhi dell'allieva, un terapeuta che fa del suo lavoro una vocazione. In grado di darsi a tutti indistintamente, di trovare sempre del tempo per ascoltare e aiutare l'altro anche quando l'altro è un tedesco, un nazista. L'uomo-Spier fa di ogni persona che ha di fronte un compito innanzitutto dentro di sé, al di là dell'appartenenza politica, religiosa, sociale. Il suo rapportarsi al clima di odio e di guerra che c'è ad Amsterdam fa stor-

13 *Diario*, 57. 16 marzo 1941.
14 *Diario*, 499. 22 aprile 1942.

cere il naso agli amici e conoscenti che non gradiscono quello che appare una condiscendenza. Il suo modo di pensare la psicologia è fortemente condannato dagli stessi nazisti.[15] La donna si sente invece molto vicina a quel suo modo di leggere il male che imperversa fuori e dentro l'individuo. Scrive il 15 marzo del 1941: «Ieri pomeriggio abbiamo scorso insieme gli appunti che mi aveva dato. Quando siamo arrivati alla frase: "basterebbe l'esistenza di un solo 'essere umano' degno di questo nome, per poter credere negli uomini, nell'umanità", m'è venuto spontaneo buttargli le braccia al collo. È un problema attuale: il grande odio per i tedeschi che ci avvelena l'animo. Espressioni come: "[...] che anneghino tutti, quella feccia, che muoiano col gas" fanno ormai parte della nostra conversazione quotidiana; a volte fanno sì che uno non se la senta più di vivere di questi tempi. Ed ecco che improvvisamente, qualche settimana fa, è spuntato il pensiero liberatore simile a un esitante e giovanissimo stelo in un deserto d'erbacce: se anche non rimanesse che un solo tedesco decente, quest'ultimo tedesco meriterebbe di essere difeso contro quella banda di barbari, e grazie a lui non si avrebbe il diritto di riversare il proprio odio su un popolo intero.»[16] Scritto all'inizio del diario, questo passo condensa il nucleo di una posizione etica molto forte che la giovane condivide da subito con lui. Con lo stringersi della morsa antiebraica, la Hillesum consolida questa visione che trova crescente imba-

15 Gerrit Van Oord, "Note bibliografiche su Etty Hillesum", in Aa.Vv., *Etty Hillesum. Diario 1941-1943. Un mondo 'altro' è possibile*, a cura di Maria Pia Mazziotti e Gerrit Van Oord, Apeiron Editori, Sant'Oreste 2002, 50.

16 *Diario*, 50. 15 marzo 1941.

razzo nell'ambiente circostante. Spier è l'unico con cui condividere simili idee. Pur costringendoli progressivamente al silenzio e all'isolamento, è questa condivisione a cementare una unione che l'incalzare della guerra rende sempre più feconda. L'incontro con l'uomo è un compito assegnato dentro di sé. Una occasione per fare luce sui propri fantasmi, su una alterità che prima ancora di essere in «quei meravigliosi occhi così umani» è nella propria fragilità. Il rapporto diventa occasione per fare i conti con una «questione femminile» che richiama a responsabilizzarsi come persona prima che come paziente, allieva e amante. «S. dice che l'amore per tutti gli uomini è superiore all'amore per un uomo solo: perché l'amore per il singolo è una forma di amore di sé. S. è un uomo maturo di 55 anni, che ha raggiunto questo stadio di amore per tutti gli uomini dopo avere amato molte persone singole, nel corso della sua lunga vita. Io sono una donnetta di 27 anni: anch'io mi porto dentro questo grande amore per l'umanità, eppure mi domando se non continuerò a cercare il mio unico uomo. E mi domando fino a che punto questo sia un limite della donna: fino a che punto cioè si tratti di una tradizione di secoli, da cui la donna si debba affrancare, oppure di una qualità talmente essenziale che una donna farebbe violenza a se stessa se desse il proprio amore a tutta l'umanità invece che a un unico uomo (non sono ancora in grado di concepire una sintesi). [...] Ma può la donna spostare il proprio baricentro, senza far violenza a se stessa nel più profondo del suo essere? Potrebbe essere questo un compito per la donna? Un compito per me? E per me queste adesso non sono più semplici domande teoriche, ma in qualche misura già carne e sangue».[17] L'autonomia interiore passa attraverso il rapporto con l'altro vissuto inizialmente come minaccia, ma che si rivela fecondo nella capacità di liberare dai lacci della paure e degli egoismi. Il segreto non è né fuggire né combattere il desiderio ma ospitarlo dentro di sé, custodirlo nel grembo, levigarne spigolature e portarne alla luce verità. Accogliere significa vivere tutto. Anche quella fisicità che a un certo punto della relazione lo stesso Spier cerca di combattere, alla ricerca di un ascetismo che metta tra parentesi il corpo e lo spirito. Per lei, spiritualità e sessualità non si escludono così come spirito e corpo. È questa accoglienza senza riserve a indicare una possibilità più grande: andare oltre il suo stesso amore per farsi carico del male che c'è fuori. C'è un Dio che cresce dentro in un parallelo amore per la vita e per la sua umanità. Il 25 novembre 1941 scrive: «[...] mi sono resa improvvisamente conto di quanta intensità, quanto impegno di tutta la mia persona io abbia messo nell'assorbire S., il suo lavoro e la sua vita in questo ultimo mezzo anno. Ora è successo. S. è diventato parte integrante di me. E così proseguo, ma da sola.»[18] La prima significativa presa di distanza dalla identificazione col maestro va di pari passo a un allontanamento dalla chirologia, contemplata inizialmente nel proprio futuro. Il legame invece crescente con la scrittura, il russo e la letteratura. Gli amati scrittori, molti dei quali frutto di uno scambio con lui, e l'interesse per la poesia rinnovato dalla lettura di Rilke. La scoperta di Dio: la presa d'atto di una inviolabilità dentro di sé che costringe a inginocchiarsi sul tappeto di cocco del bagno al mattino pre-

17 *Diario*, 121, 143. 4 agosto 1941; 10 agosto 1941.
18 *Diario*, 240. 25 novembre 1941.

sto, senza un perché. Nella pratica della preghiera c'è una cella interiore da cui guardare il mondo e se stessa. Uno spazio di libertà che è dolorosa presa di coscienza «[...] che per te non esiste alcun aiuto o appoggio o rifugio presso gli altri, mai. Che gli altri sono altrettanto insicuri, deboli e indifesi. Che tu dovrai essere sempre la persona più forte.»[19] Il 3 febbraio 1942 è celebrato come il giorno della sua seconda nascita. È passato un anno dall'incontro che ha segnato la «grande presa di coscienza». Dentro di sé qualcosa è cambiato. Il rapporto simbiotico dei primi tempi si è evoluto in una relazione più matura e consapevole. «Il desiderio insensato e appassionato di "perdermi" per lui s'è già calmato da tempo, è diventato "ragionevole". "Perdermi" per una persona è sparire dalla mia vita; forse mi è rimasto il desiderio di "perdermi" per Dio, o per una poesia».[20] Lo stringersi della persecuzione segna una nuova evoluzione del rapporto.

Il male esterno irrompe in tutta la sua virulenza il 12 marzo 1942: «Non possiamo farci molte illusioni. La vita diventerà molto dura e saremo di nuovo separati, tutti noi che ci vogliamo bene. Credo che quel tempo non sia più molto lontano.»[21] È il tempo di fare i conti con la possibilità della perdita degli amici, dei familiari, di lui. La favola bella di un'unione per la vita sopravvive nell'idea, molto più prosaica, del «matrimonio di convenienza»[22] proposto da lui per continuare ad aiutare gli altri anche in un campo di concentramento. La tanto fantasticata unione fisica c'è, ma

19 *Diario*, 211. 21 ottobre 1941.
20 *Diario*, 288. 17 dicembre 1941.
21 *Diario*, 413. 12 marzo 1942.
22 *Diario*, 512. 29 maggio 1942.

senza aggiungere nulla a un rapporto andato avanti per la sua strada. Nel giugno del 1942, l'inasprirsi dei provvedimenti antiebraici ha una ricaduta ancora più concreta sulla vita quotidiana. Non è più possibile prendere il tram, i luoghi pubblici sono interdetti, c'è un ulteriore inasprimento del coprifuoco notturno. Le linee telefoniche sono tagliate. Alle 9.55 del 14 luglio, la cornetta suona muta per il buongiorno quotidiano all'amico. Il giorno seguente è l'inizio dell'esperienza lavorativa presso il Consiglio Ebraico che durerà appena due settimane. La consapevolezza degli eventi spinge per una scelta radicale. Seguirà la richiesta di trasferimento al campo di Westerbork come volontaria per portare cura e sollievo. A prevalere è il desiderio di prendere parte alla storia per dare ad altri un po' di ciò che lui le ha insegnato. Il salto a un sentire più grande passa attraverso la via stretta dell'incontro concreto e doloroso col singolo uomo. Il cordone ombelicale con l'«ostetrico» della sua anima deve essere reciso. «Il processo di reciproco avvicinamento» è stato «parallelo a quello della reciproca liberazione».[23] Spier ha fornito le ali per un volo da fare da sola, anche a costo di una perdita definitiva. Perdita che ci sarà di lì a breve con la improvvisa morte di lui. Un cancro ai polmoni lo stronca il 15 settembre 1942. Appena un giorno prima che la Gestapo venisse a portarlo via. La giovane è in visita ad Amsterdam e corre al suo capezzale. Scrive la notte della sua morte: «Avrei ancora mille cose da chiederti e da imparare da te, ora mi toccherà far tutto da sola. Sai, mi sento così forte e sono certa che me la caverò. Sei tu che hai liberato le mie forze, tu che mi ha insegnato a pronunciare con naturalezza il nome

---

23 *Diario*, 566. 29 maggio 1942.

di Dio. Sei stato l'intermediario tra Dio e me, e ora che te ne sei andato la mia strada porta direttamente a Dio e sento che è un bene. Ora sarò io l'intermediaria per tutti quelli che potrò raggiungere.»[24] La scoperta di Dio è l'eredità più grande lasciata da Spier. È lui che lo ha dissotterrato e ora tocca a lei perpetuarne il ricordo scavandolo nel cuore degli uomini e delle donne sul cammino. Ci sono similitudini tra l'immagine di Dio e quella di Spier. In alcuni passi, le due figure sembrano sovrapporsi. Come quando, subito dopo la morte, la Hillesum vorrebbe farne a pezzi il ritratto alla parete della stanza per portare dentro di sé l'immagine di lui diventata grande e senza nome come il cielo. «Per me sei senza nome, così senza nome come lo è il cielo. E vorrei mettere via tutti i tuoi ritratti e non guardarli mai più, è sempre ancora troppa, troppa materia. Voglio continuare a portarti in me senza nome e ti trasmetterò ad altri in un semplice, tenero gesto che una volta non conoscevo.»[25] A Westerbork, la sua immagine diventa l'«esperienza più intensa e più preziosa della mia vita» e «parte del firmamento» che la sovrasta. Il 18 agosto 1943 scrive una lettera dal campo alla amica Henny Tideman, uno dei riferimenti dello *Spier-club* a cui è legata dal comune affetto per il maestro: «da qualche tempo Jul si libra nel cielo di questa brughiera, è una cosa inesplicabile. È un nutrimento quotidiano.»[26] Pur risentendo della sua figura, il dio scoperto dentro va oltre l'identificazione con lui. Spier si è preso cura degli uomini e delle donne, lei vuole prendersi cura di Dio in quell'unico posto in cui è possibile salvarlo:

---

24 *Diario*, 752. 15 settembre 1942.
25 *Diario*, 754. 15 settembre 1942.
26 *Lettere*, 130. 18 agosto 1943. Vedi pagina 156.

nella miseria di Westerbork. È questo salto a tracciarne la distanza. Dio è un'origine con cui fare i conti nel volto disumanizzato dell'essere umano incontrato nel campo che Spier non ha conosciuto. Una verità che l'inferno dell'internamento mostra il rischio dell'impotenza.[27] La Hillesum sente su

27 Denise de Costa si interroga sulla influenza esercitata da Spier nella visione che la Hillesum ha di Dio. Lo fa a partire da un dialogo con la filosofa femminista Hélène Cixous che alla figura dell'ebrea ha dedicato alcuni seminari inediti. Per la Cixous, l'idea che l'olandese ha di Dio risentirebbe a tal punto della identificazione con Spier da pregiudicarne l'autenticità, almeno in un primo momento della relazione. Il vero rapporto con Dio subentrerebbe infatti alla morte del maestro. Questo giustificherebbe il fatto che la Hillesum non senta più il bisogno di nominare l'amato dopo la morte, per fare posto a un dialogo con Dio reso serrato dall'incalzare della guerra. Con l'avvicinarsi della consapevolezza della fine, la «Hillesum aveva realmente bisogno di Dio; secondo la Cixous ella finisce così per uccidere S. per fare spazio a Dio». La de Costa rifiuta l'interpretazione della filosofa che di fatto ripiega la figura della donna su quella dello psicoterapeuta. L'affrancamento da Spier nasce non con la sua morte, ma con la presa di distanza dalla chirologia registrata già il 24 novembre 1941. La Hillesum aveva dato il via a un processo di soggettivazione molto prima. «Il dio di Etty Hillesum è nato nel momento in cui Etty sceglieva di essere se stessa. Lei visse questo Dio non come una figura paterna ma come la sua propria essenza, il suo essere più profondo, il suo sé più interno», in Denise de Costa, *Anne Frank and Etty Hillesum. Inscribing Spritualiy and Sexuality*, Rutgers University Press, New Brunswick, New Jersey 1998, 223, 226. Non ho avuto modo di accedere direttamente ai seminari della Cixous se non nella forma mediata di alcune traduzioni riportate dalla de Costa nel testo. Lo studio ingaggia un dialogo serrato con la pensatrice francese e ha il merito di avere per la prima volta riflettuto sull'identità femminile della giovane dell'olandese. Stando a quello che riporta la studiosa, l'interpretazione che la Cixous fa di Dio appare davvero riduttiva.

di sé il peso di una nuova urgenza: ripensare e, soprattutto, rivivere Dio. In un certo senso, rimetterlo al mondo.

---

Non solo perché ripiega la soggettività dell'ebrea sulla personalità dell'amico, ma perché si ha l'impressione che quel dio nato dopo la morte dell'amato ne sia il surrogato. C'è un ulteriore, importante aspetto che a mio avviso segna una via di demarcazione da Spier: la diversa visione di Dio. Come ho già accennato nel capitolo, il dio della Hillesum è un'origine che lei sceglie di vivere in special modo a Westerbork, là dove appare come assente. Sarà nel campo che la donna sperimenterà l'impotenza di Dio e la necessità di portalo dentro di sé per proteggerlo. Questo tema è approfondito nel terzo capitolo. Le opere edite in cui la Cixous dedica alcune riflessioni alla giovane ebrea sono: *Writing Differencese: Readings from the Seminar of Hélène Cixous*, edited by Susan Sellers, Open University Press, Milton Keynes, England 1988, 150; Hélène Cixous, *Readings: The Poetics of Blanchot, Joyce, Kafka, Kleist, Lispector, and Tsvetayeva*, edited, translated, and introduced by Verena Andermatt Conley, Harvester Wheatsheaf, New York/London 1992, 113-117, 121-122, 131; Hélène Cixous, *Il teatro del cuore*, traduzione a cura di Nadia Setti, Pratiche, Parma 1992, 40. Una articolata riflessione sulla relazione con Spier è fatta da: Pascal Dreyer, *Etty Hillesum. Una testimone del novecento*, Edizioni Lavoro, Roma 2000, 83-105; Nadia Neri, *Un'estrema compassione. Etty Hillesum testimone e vittima del Lager*, Borla. Roma 2011, 48-62; Wanda Tommasi, *Etty Hillesum. L'intelligenza del cuore*, Edizioni Messaggero, Padova 2002, 19-30.

## II. L'audacia di pensare: il male e il proprio tempo

*Il male dentro*

Il diario vede la luce a un anno circa dall'invasione tedesca. La battaglia con se stessa si muove in parallelo con la seconda guerra mondiale. L'Olanda è sotto assedio, siamo nel pieno del secondo conflitto mondiale. Etty Hillesum è troppo presa dai tumulti interiori per lasciarsi distrarre dal trambusto che c'è fuori. La grande storia messa sullo sfondo tesse la trama del divenire interiore. «Sono appena andata a dichiarare la mia appartenenza al sangue ebraico»,[1] scrive il 19 marzo 1941 facendo esplicito riferimento al contesto storico. In seguito alla ordinanza pubblica del 10 gennaio 1941, le «persone interamente o parzialmente di sangue ebraico»[2] hanno l'obbligo di registrarsi. Insieme a più di 140.000 persone, la giovane dichiara la sua appartenenza al popolo ebraico. La comunità olandese è una delle più nutrite d'Europa, integrata da tempo nel tessuto economico, sociale, culturale della democratica Olanda. L'appartenenza religiosa non ha un ruolo di primo piano nella vita della studentessa. A partire dal 1932, nei primi anni di università la giovane aderisce a movimenti antifascisti. Vive in una Amsterdam accogliente e le sue amicizie sono legate a interessi culturali, politici e spirituali più che religiosi. Sebbene radicata nella comunità religiosa, la famiglia non è quella di ebrei ortodossi. Il 10 maggio 1940, la Germania invade l'Olanda. Quattro giorni dopo, il

1 *Diario*, 69. 19 marzo 1941.
2 *Diario*, 811.

centro storico di Rotterdam è bombardato e raso al suolo. Il giorno successivo i Paesi Bassi firmano la resa per evitare che altre città facciano la stessa fine. È l'inizio di un «nuovo ordine» le cui regole sono dettate dall'invasore nella figura di Arthur Seyss-Inquart,[3] nazista di origine austriaca e capo dell'amministrazione tedesca in Olanda. L'uomo più potente dei Paesi Bassi, in grado di decidere della vita e della morte di migliaia di essere umani. I primi provvedimenti antiebraici sono presi nel 1940 dando inizio a una operazione molto efficiente il cui fine è rendere il paese *judenrein*, ripulito totalmente dagli ebrei. Fine pienamente raggiunto se si pensa che le vittime dei Paesi Bassi saranno tra le più alte d'Europa. Più di 100.000 degli oltre 140.000 ebrei presenti nel territorio.[4] Il processo di distruzione è favorito da una efficiente

3 L'Ufficio del *Reichskommissar* è la massima autorità nazista dell'Olanda occupata con sede all'Aia. Seyss-Inquart ne è a capo come *Reichskommissar*. Fanno parte dell'ufficio altri tre funzionari austriaci tra cui Hans Albin Rauter, capo supremo delle SS e polizia in Olanda, il cui nome ritorna nelle testimonianze riguardanti la deportazione degli Hillesum.

4 Per una ricostruzione storica della persecuzione degli ebrei olandesi, un quadro completo è fornito da: Jacob Presser, *The Destruction of the Dutch Jews*, translated by Arnold Pomerans, E. P. Dutton & Co., New York 1969. Di riferimento rimane: Raul Hilberg, *La distruzione degli Ebrei d'Europa*, a cura di Frediano Sessi, Einaudi, Torino 1995, 597-622. Per una più recente indagine: Saul Friedländer, *Gli anni dello sterminio. La Germania nazista e gli ebrei: 1939-1945*, traduzione di Sara Caraffini, Garzanti, Milano 2009, 100-101; 162-167; 479-489; 640-643. Il testo di Friedländer ricostruisce la storia attraverso la nutrita diaristica del tempo utilizzando anche i testi della Hillesum. Per una ricostruzione della vita dell'olandese nel periodo della guerra può essere utile: Klaas A. D. Smelik, *Odio e inimicizia*

burocrazia interna, ma anche da una posizione geografica che bracca gli ebrei a est, dove il paese ha una frontiera in comune con il Reich, a sud con il Belgio occupato e a nord e ovest con l'apertura al mare.[5] Il 25 marzo 1941, il conflitto irrompe per la prima volta nel diario. L'occasione è l'improvvisa morte per malattia del professore Nikolaas van Wijk, figura di rilievo internazionale per la slavistica in Olanda, i cui corsi la Hillesum ha seguito con passione a Leida con una piccola cerchia di amici. La perdita del professore rievoca in lei un'altra morte, avvenuta l'anno precedente in circostanze molto diverse. Si tratta del suicidio di Willem Adriaan Bonger, docente di criminologia e sociologia all'Università di Amsterdam. La Hillesum lo incontra casualmente all'indomani dell'invasione nazista, poche ore prima del suicidio. I ricordi corrono ai giorni concitati della disfatta militare olandese, all'incendio in segno di protesta delle petroliere nel porto di Amsterdam la mattina del 14 maggio. «Mancavano poche ore alla capitolazione. Ed ecco la figura pesante, goffa, chiaramente riconoscibile di Bonger che se ne andava lungo l'IJsclub, occhiali azzurri su quella testa pesante e originale; guardava le nuvole che da lontano sovrastavano la città, provenienti dal porto delle petroliere dato alle fiamme. Non dimenticherò mai quella scena – quella figura goffa, con la testa di traverso, che guardava le nuvole di fumo in lontananza. In uno slancio spontaneo ero corsa fuori senza mantello, l'avevo raggiunto e gli avevo detto: buongiorno, professor Bonger, ho pensato molto a lei in questi ultimi giorni, l'ac-

*in Etty Hillesum*, traduzione di Gerrit Van Oord, Apeiron Editori, Sant'Oreste 2015.

5 Hilberg, *La distruzione degli Ebrei d'Europa*, 597.

compagno un pezzetto. E lui mi aveva guardata di traverso coi suoi occhiali azzurri e non aveva la minima idea di chi potessi essere, malgrado due esami e un anno di lezioni; ma in quei giorni c'era una familiarità così grande tra le persone, che avevo continuato a camminargli accanto. Non ricordo con precisione il nostro dialogo. Era il pomeriggio in cui tutti cercavano di fuggire in Inghilterra; gli avevo chiesto: crede che abbia senso fuggire? E lui: la gioventù deve rimanere qui. E io: crede che la democrazia finirà per vincere? E lui: vincerà di certo, ma alcune generazioni ne faranno le spese. E quel feroce Bonger era indifeso come un bambino, era quasi dolce; io avevo sentito il bisogno irresistibile di mettergli un braccio intorno alla vita e di guidarlo come un bambino – e così, col mio braccio intorno a lui, avevamo camminato lungo l'IJsclub. Sembrava affranto, era pieno di benevolenza. Tutta la sua passione e la sua virulenza si erano spente. Il cuore mi si gonfia quando penso a com'era quel giorno, il burbero delle nostre lezioni. E arrivati allo Jan Willem Brouwersplein lo avevo salutato, mi ero piantata davanti a lui e gli avevo preso una mano fra le mie, lui aveva chinato un po' il capo con tanta gentilezza, mi aveva guardata attraverso gli occhiali azzurri che gli nascondevano gli occhi e mi aveva detto, quasi con comica solennità: mi ha fatto piacere! E la prima cosa che avevo sentito la sera dopo, arrivando al corso di Becker, era stata: Bonger è morto! Io avevo replicato: non è possibile, gli ho parlato ieri sera alle sette. E Becker: allora lei è stata una delle ultime persone che gli hanno parlato. Alle otto si era sparato alla testa».[6] Bonger non è il solo a non avercela fatta. «È tutto un mondo che va a pezzi», commenta la studentessa

6 *Diario*, 97-98. 25 marzo 1941.

ricordando la scia di suicidi di intellettuali oppositori del nazionalsocialismo. Il pensiero va alla resistenza e agli scioperi di studenti e professori presso la Rijksuniversiteit di Leida a fine novembre 1940. Le proteste nascono in seguito a provvedimenti volti alla rimozione degli ebrei dall'università. Gli scioperi sono sedati da arresti. Tutto questo stride solo in apparenza con la improvvisa morte del professore Van Wijk che diventa «una sorta di lugubre simbolo della guerra stessa, della distruzione della cultura».[7] Un universo va scomparendo. Con il crescere delle misure coercitive, montano l'odio e la rabbia dei nazisti come degli ebrei. Il «grande odio per i tedeschi» avvelena l'animo ergendo conflitti e barriere nella vita di tutti i giorni. È un'aria infetta da cui è difficile sottrarsi. La convivenza nella casa sulla Gabriël Metsustraat si fa pesante. La Hillesum non fa mistero di provare irritazione e aggressività quando la cameriera tedesca Käthe difende il suo paese. La casa è specchio di una società complessa dalla convivenza sempre più difficile. La giovane avverte su di sé la necessità di preservarne l'equilibrio. «Ultimamente ho sentito che era mio compito mantenere l'armonia in questa famiglia contraddittoria: una donna tedesca, cristiana, di origini contadine, che è per me come una buona seconda madre; una studentessa ebrea di Amsterdam; un vecchio socialdemocratico equilibrato; poi Bernard un piccolo-borghese, ma di animo puro e di notevole intelligenza, pur se limitata appunto dalle sue origini piccolo-borghesi; e il giovane studente di economia, onesto, buon cristiano, che ha la gentilezza e la comprensione ma anche la combattività e le maniere tipiche dei cristiani come li si conosce oggigiorno. Era – ed è – un

---

7 *Diario*, 99. 26 marzo 1941.

piccolo mondo affaccendato che, minacciato dai fatti politici esterni, rischiava di implodere. Tuttavia mi sembra che valga la pena di tenere in piedi questa piccola comunità come testimonianza contro le convulse e forzate teorie sulla razza, sul popolo, ecc., come prova che la vita non può essere rinchiusa in uno schema determinato. Però tutto questo costa dolore, forti conflitti interiori, reciproche offese di tanto in tanto, nervosismo e rimorso, ecc. ecc. A volte, se sono improvvisamente presa dall'odio, dopo aver letto il giornale o dopo aver avuto notizie di fatti che capitano, mi metto a inveire contro i tedeschi, fuori di me. So che lo faccio apposta per ferire, per sfogare in qualche modo il mio odio anche se poi lo scarico su una persona sola – una persona di cui so che ama la sua patria d'origine, com'è più naturale e comprensibile, del resto: ma in quel momento io non riesco ad accettare il fatto che lei non provi altrettanto odio, in quell'odio io cerco, per così dire, l'armonia con tutti i miei simili. Eppure so che lei trova la nuova mentalità altrettanto pericolosa, che si sente altrettanto oppressa per gli eccessi compiuti dal suo popolo.»[8] Se si cade nell'«odio indifferenziato» si commette un grave errore: ci si allinea sulla stessa posizione del nemico e si fa il suo gioco. Il risentimento ripete una spirale di violenza che ha come risultato l'annientamento fisico e spirituale. Non bisogna permettere al dolore e alla paura dilaganti di ottundere la capacità di osservazione e di giudizio. Nel bel mezzo della tempesta, la resistenza è non smarrire il proprio centro facendo di esso il punto di osservazione privilegiata sul mondo. Il 13 agosto 1941, la notizia della morte di un amico di infanzia durante il conflitto: «Daan è caduto dall'aeropla-

---

8 *Diario*, 51. 15 marzo 1941.

no. Uno dei tanti giovani pieni di vita, e ricchi di promesse, che muoiono giorno e notte. Non so che cosa pensare. Con tutto il dolore che ho intorno, comincio a vergognarmi di prendere sul serio i miei umori. Eppure devi continuare a prenderti sul serio, devi rimanere il centro, e in qualche modo devi venire a capo dei fatti di questo mondo; in nessuna situazione puoi chiudere gli occhi, devi "confrontarti" con questi tempi orribili, e cercare una risposta alle numerose questioni di vita e di morte che essi ti pongono. E allora forse troverai una risposta ad alcune di esse, non solo per te ma anche per gli altri. Sta di fatto che devo vivere, e che devo affrontare ogni cosa. A volte mi sento come un palo ritto in un mare infuriato, fra le onde che lo battono da ogni parte. Ma io rimango ben ferma e gli anni mi passano sopra. Voglio continuare a vivere pienamente».[9] La resistenza è nella capacità di conservare uno spazio di libertà da sottrarre a quella dittatura delle coscienze messa in atto dal nazismo. Più che su un piano politico, la ribellione è una battaglia interna al soggetto. Questo perché il male che c'è fuori non è che la proiezione di un male interiore, di un marciume che sta intaccando tutti, senza distinzione di sesso, religione, età, cultura, politica. «Il marciume che c'è negli altri c'è anche in noi [...] non vedo nessun'altra soluzione, veramente non ne vedo nessun'altra, che quella di raccoglierci in noi stessi e di strappar via il nostro marciume. Non credo più che si possa migliorare qualcosa nel mondo esterno senza aver prima fatto la nostra parte dentro di noi. È l'unica lezione di questa guerra: dobbiamo cercare in noi stessi, non altrove».[10] La

9 *Diario*, 144-145. 13 agosto 1941.
10 *Diario*, 366. 19 febbraio 1942.

Hillesum rifiuta di combattere con le stesse armi del nemico e posiziona il conflitto *dentro* l'individuo. Si taglia fuori così dalla visione manichea dilagante che vede il bene da una parte e il male dall'altra, i buoni e i cattivi, la verità e la menzogna. Il male non è qualcosa di estraneo ma di familiare, di conoscibile e riconoscibile, con cui siamo chiamati a fare i conti. Collocato nella interiorità, il negativo fa meno paura. La coazione a ripetere dell'odio e della paura può essere spezzata. Mettendosi sullo stesso piano del nemico, la donna ne traccia la alterità. Il 27 febbraio 1942, descrive la conversazione con una SS in un ufficio della Gestapo. Colpisce la lucidità attraverso cui ricostruisce quello che le accade in un quadro più grande che chiama in causa il suo tempo. Il giovane della Gestapo cerca pretesti per inveire violentemente contro gli ebrei e lo fa anche con lei cacciandola fuori dal locale. La giovane annota: «credo che questo fosse il momento psicologico in cui avrei dovuto spaventarmi a morte, ma quel trucco l'ho capito troppo in fretta. In fondo, io non ho paura. Non per una forma di temerarietà, ma perché sono cosciente del fatto che ho sempre a che fare con degli esseri umani, e che cercherò di capire ogni espressione, di chiunque sia e fin dove mi sarà possibile. E il fatto storico di quella mattina non era che un infelice ragazzo della Gestapo si mettesse a urlare contro di me, ma che francamente io non ne provassi sdegno – anzi, che mi facesse pena […]. Aveva un'aria così tormentata e assillata, del resto anche molto sgradevole e molle. Avrei voluto cominciare subito a curarlo, ben sapendo che questi ragazzi sono da compiangere fintanto che non sono in grado di fare del male, ma che diventano pericolosissimi se sono lasciati liberi di avventarsi sull'umanità, e vanno eliminati.

Ma a essere criminale è solo il sistema che utilizza questi uomini».[11] Mettersi dalla parte del nemico non vuol dire assolverlo o giustificarlo, ma guadagnare uno spazio di osservazione più ampio. Il risentimento della SS è il frutto di un condizionamento che si muove su larga scala. Esso è cartina di tornasole di una monopolizzazione ideologica che non deresponsabilizza, ma va alla radice di un male più grande. «Quel che fa paura è il fatto che certi sistemi possano crescere al punto da superare gli uomini e da tenerli stretti in una morsa diabolica, gli autori come le vittime: così, grandi edifici e torri, costruiti dagli uomini con le loro mani, s'innalzano sopra di noi, ci dominano, e possono crollarci addosso e seppellirci.»[12] Il rancore e la paura del giovane SS non sono diversi dall'odio nei confronti dei carnefici dell'uomo ebreo, giurista di successo, incontrato a Westerbork e passato a collaborare col nemico. La crudeltà con cui si relaziona agli ebrei ne fa un potenziale «perfetto capo di un campo di concentramento». «Ogni volta che lo vedevo girare tra la gente, con quel collo diritto, lo sguardo dispotico e la sua eterna pipetta, mi veniva da pensare: gli manca solo una frusta in mano, gli starebbe magnificamente bene. Ma non ero risentita con lui, m'interessava troppo. In certi momenti mi faceva una pena terribile. Aveva una bocca così insoddisfatta, o meglio, così infelice: era la bocca di un bambino di tre anni che non è riuscito a imporsi a sua madre. Nel frattempo lui

---

11 Riporto qui la traduzione di Gerrit Van Oord completa dell'espressione «e vanno eliminati», presente nell'originale, di cui è privo l'edizione originale. Cf. Klaas A. D. Smelik, *Il concetto di Dio in Etty Hillesum*, a cura di Gerrit Van Oord, Apeiron, Sant'Oreste 2014, 46 Diario, 385-386. 27 febbraio 1942. *Het Werk*, 269.
12 *Diario*, 385. 27 febbraio 1942.

aveva passato la trentina, era diventato un bell'uomo, noto giurista e padre di due figli: ma quella bocca da bambino insoddisfatto di tre anni gli era rimasta tale e quale.»[13] L'accoglienza del male viola la demarcazione tra vittime e carnefici per condurre a una ambiguità nascosta nel cuore dell'umano. Una «zona grigia», come la definisce Primo Levi,[14] che tiene insieme buoni e cattivi sancendone la connivenza. Una pericolosa linea di confine sperimentata di lì a poco con l'impiego presso il Consiglio Ebraico di Amsterdam. Nella primavera-estate 1942, c'è un ulteriore inasprimento delle misure antiebraiche. L'uso delle biciclette e dei mezzi di trasporto è interdetto. Il coprifuoco notturno aumenta. Il cibo scarseggia e si ricorre sempre più ai surrogati. Non è più possibile entrare nei bar o in qualsiasi luogo pubblico. L'obiettivo è isolare gli ebrei dal resto della popolazione. La giovane vede gli amici partire per il campo di transito di Westerbork nel Drenthe. «Le ultime notizie dicono che tutti gli ebrei saranno deportati dall'Olanda in Polonia passando per il Drenthe.»[15] La paura della perdita dei propri cari cresce di giorno in giorno. Il 15 luglio 1942, è impiegata come stenografa presso quell'organismo del collaborazionismo che è il Consiglio Ebraico di Amsterdam. È il fratello Jaap a fare da tramite per l'impiego. Lo scopo è la garanzia di una posizione più sicura per l'intera famiglia. La Hillesum intuisce da subito l'ambiguità della struttura. Ebrei, uomini e donne di cultura stimati e influenti nella comunità, collaborano nella speranza di aiutare il popolo ebraico olandese. Di fatto favo-

13 *Diario*, 768. 23 settembre 1942.
14 Primo Levi, *I sommersi e salvati*, Einaudi, Torino 1997, 24-52.
15 *Diario*, 667. 29 giugno 1942.

riscono il processo di distruzione nazista. «Questo star tutti addosso a quell'unico pezzetto di legno che va alla deriva sull'oceano infinito dopo il naufragio, questo salvare il salvabile, spingersi a forza di gomiti, provocare l'annegamento altrui, tutto così indegno.»[16] Scaraventata nel cuore della storia in un luogo «a metà tra l'inferno e un manicomio», la giovane olandese legge sui volti l'angoscia, la rabbia e l'odio cieco che porta alla ricerca della sopravvivenza a tutti costi. Non si pensa più, ma si soffre ciecamente nell'illusione di salvarsi. «La cosa più deprimente è sapere che quasi mai, nelle persone con cui lavoro, l'orizzonte interiore si amplia in seguito alle sofferenze che quest'epoca infligge. Non soffrono neppure in profondità. Odiano, e sono ciecamente ottimisti se si tratta della loro piccola persona, e sono ancora ambiziosi per il loro piccolo impiego; è una gran porcheria e ci sono dei momenti in cui mi perdo completamente d'animo e vorrei abbandonare la testa sulla macchina da scrivere e dire: non posso più andare avanti così.»[17] L'accoglienza del male dentro di sé non è una forma di ottundimento del dolore né una strada per un facile ottimismo. Accogliere il male significa viverlo in prima persona, farne «carne e sangue». C'è una differenza tra l'arrabbiarsi e basta per qualcosa e il soffrirne veramente. Nella sola rabbia c'è una resistenza agli eventi la cui passività blocca le energie dell'individuo. La vera sofferenza porta con sé una accoglienza attiva del dolore che libera forze nuove.[18] «Questo significa che io non sono mai addolorata, non mi ribello mai, accetto tutto e amo sempre la

16 *Diario*, 716. 14 luglio 1942.
17 *Diario*, 729. 23 luglio 1942.
18 *Diario*, 63. 17 marzo 1941.

vita in qualunque circostanza? No, non è così. Credo di vivere tutte le sciagure e le ribellioni che un essere umano può sperimentare e di conoscerle, ma non vi rimango ancorata, non prolungo momenti simili. Essi mi attraversano, come la vita stessa, in forma di un ampio flusso secolare: quei momenti si sciolgono nel flusso, e la vita va avanti. E così tutte le energie rimangono in me, completamente a disposizione: io non ancoro le mie energie a una singola tristezza passeggera o a una ribellione.»[19] Il dolore non è privo di «sdegno morale», in grado di attivare una capacità di giudizio su se stessi e sul mondo che l'odio rende impossibile. La sofferenza amplia la comprensione della vita. Il 3 luglio 1942 è il giorno della profonda presa di coscienza: «ho guardato in faccia la nostra misera fine, che è già cominciata nei piccoli fatti quotidiani; e la coscienza di questa possibilità fa ormai parte del mio modo di sentire la vita, senza fiaccarlo. [...] Con "aver chiuso i conti con la vita" voglio dire che la possibilità della morte si è perfettamente integrata nella mia vita; questa è come resa più ampia da quella, dall'affrontare e accettare la fine come parte di sé. E dunque non si tratta, per così dire, di offrire un pezzetto di vita alla morte perché si teme e si rifiuta quest'ultima, la vita che ci rimarrebbe allora sarebbe ridotta a un ben misero frammento. Sembra quasi un paradosso: se si esclude la morte non si ha mai una vita completa; e se la si accetta nella propria vita, si amplia e si arricchisce quest'ultima».[20] Il sapere non è più sufficiente. Bisogna vivere e accogliere dentro di sé. In una parola: essere quello che si è esperito nel cuore e nella mente. «La mia testa è l'of-

19 *Diario*, 457. 28 marzo 1942.
20 *Diario*, 678. 3 luglio 1942.

ficina dove tutte le cose di questo mondo devono giungere a essere formulate in piena chiarezza. E il mio cuore è la fornace ardente nella quale tutto deve essere sentito e sofferto con intensità.»[21] Lo spazio degli uffici del Consiglio Ebraico si rivela angusto. La voglia di prendere parte alla storia prevale al di là di ogni ragionevole rassicurazione. È tempo di essere. Il 30 luglio 1942 Etty Hillesum varca la soglia del filo spinato.

### Le ragioni di una resistenza esistenziale

L'entrata nel campo è contrassegnata dallo *status* privilegiato di impiegata presso la Sezione di assistenza sociale alle persone in transito, per conto del Consiglio Ebraico. Una condizione molto diversa da quella degli internati. Una impiegata può uscire, gode di privilegi all'interno del campo e, soprattutto, è immune da deportazione. Questo fino al luglio del 1943. La politica nazista porta alla perdita dei privilegi e rende semplici residenti. Nel giugno del 1943, i genitori e il fratello Mischa fanno il loro ingresso nella struttura a seguito dei grandi rastrellamenti del 20 e 21 giugno 1943 ad Amsterdam. Quando la Hillesum va al campo, nessuno può sapere quello che accadrà di lì a un anno. Lo stringersi della morsa antiebraica e il conseguenziale peggioramento della vita, la perdita della condizione di favore e l'ingresso dei familiari contribuiscono a mutarne l'esperienza maturando nuove consapevolezze. La donna che va per la prima volta nel Drenthe non è la stessa a partire per Auschwitz. La vita nel filo spinato cambia profondamente. Un comune denominatore prevale in questa lunga e sfaccettata esperienza. Sia da

---

21 *Diario*, 146. 15 agosto 1941.

impiegata sia da deportata, la giovane non si tira indietro di fronte al desiderio di testimoniare la realtà. Vuole prendere parte alla storia per vivere e raccontare agli altri la verità di ciò che accade. La credibilità del suo pensiero si misura in questo. C'è una continuità che lega la vita ad Amsterdam e quella nel campo: la necessità di vivere fino in fondo il suo tempo per testimoniare. Il bisogno di comprendere e giudicare senza infingimenti il male che c'è fuori, anche quando la vita diventa insopportabile nelle baracche fetide, rumorose e piene di correnti d'aria. Anche quando non c'è più tempo per scrivere e dedicarsi alle amate letture. Il corpo comincia a cedere infiacchito dallo stress fisico e mentale. Il dolore per la sofferenza dei cari diventa più devastante della propria sofferenza. Scrive il 22 settembre del 1942: «una volta ho scritto in uno dei miei diari: vorrei poter toccare con la punta delle dita i contorni di quest'epoca. Ero seduta alla mia scrivania, allora, e non sapevo bene come accostarmi alla vita perché non l'avevo ancora toccata dentro di me. Ho imparato a farlo mentre ero seduta qui. Poi, d'un tratto, sono stata scaraventata in un centro di dolore umano – su uno dei tanti, piccoli fronti di cui è disseminata l'Europa. E là - sui volti delle persone, su migliaia di gesti, piccole espressioni, vite raccontate – su tutto ciò ho improvvisamente cominciato a leggere questo tempo come un insieme compiuto, e non solo questo tempo. Avevo imparato a leggere in me stessa e così ero in grado di leggere anche negli altri. Era proprio come se le mie dita sensibili sfiorassero i contorni di questo tempo, e di questa vita. Com'è possibile che quel pezzetto di brughiera recintato dal filo spinato, dove si riversava e scorreva tanto dolore umano, sia diventato un ricordo quasi dolce? Che il mio spirito non sia diventato più tetro in quel luogo, ma più luminoso e sereno? A Westerbork ho letto un tratto del nostro tempo che non mi sembra privo di significato.»[22] C'è da chiedersi quali siano le motivazioni a sostegno di una simile forza. Quali le ragioni che spingono ad andare al campo di transito, nonostante potesse rimanere ancora ad Amsterdam vicina a Julius e ai suoi familiari. Il perché del suo rifiuto a nascondersi quando parenti e amici offrono aiuti. La risposte sono complesse e difficilmente esaustive. È evidente che la scelta di Westerbork non è mai stata definitiva. Come tutti in quel tragico periodo, la donna si è trovata a vivere l'incedere della storia e a muoversi volta in volta di conseguenza. Nelle lettere, si evince in modo chiaro quanto l'ingresso della famiglia nel campo abbia giocato un ruolo di forza nella volontà di rimanervi. Non c'è nessun piano sacrificale prestabilito. La scelta di lavorare per il Consiglio mostra quanto la giovane sentisse il precipitare degli eventi e sperasse di potersi salvare. La Hillesum sperimenta su di sé il morbo del collaborazionismo quando è dentro il suo ingranaggio infernale. Scrive il 28 luglio 1942: «Naturalmente, non si potrà mai più riparare al fatto che alcuni ebrei collaborino a far deportare tutti gli altri. Più tardi la storia dovrà pronunciarsi su questo punto».[23] La scelta di varcare il filo spinato è a suo modo una risposta i cui aspetti contraddittori vive a sue spese. Scrive nella lettera dal campo datata il 24 agosto 1943: «stanotte io vestirò tutti i bambini piccoli e tenterò di calmare le madri, e questo lo definisco "aiutare", potrei quasi maledirmi da sola: sappiamo bene che abbandoneremo le persone

---

22 *Diario*, 766. 22 settembre 1942.
23 *Diario*, 743. 28 luglio 1942.

indifese e malate del campo alla fame, al caldo e al freddo, alla vulnerabilità e alla distruzione, eppure le vestiamo noi stessi e le accompagniamo ai nudi carri bestiame, e se non sono in grado di camminare le portiamo sulle barelle. Ma che cosa succede qui, che misteri sono questi, in quale meccanismo funesto siamo impigliati? Non possiamo liquidare il problema dicendo che siamo tutti dei vili. E poi, non siamo così cattivi. Ci troviamo di fronte a interrogativi più profondi... ».[24] Tutto questo non è in contraddizione con una radicalità di vita e di pensiero messa in atto dall'inizio e nutrita quotidianamente di fronte alle scelte operate dalla storia. Quando l'amico Klaas Smelik la invita ancora una volta a fuggire,[25] la risposta è netta: «Non si tratta di tenersi fuori da una determinata situazione, costi quel che costi, ma di come ci si comporta e si continua a vivere in qualunque situazione.»[26] Il destino di ciascuno non è negli avvenimenti esteriori, ma nel modo attraverso cui si è in grado di prendere posizione rispetto a essi. «Le situazioni in cui possiamo trovarci su

24 *Lettere*, 137.

25 La testimonianza è contenuta nell'edizione integrale italiana delle lettere: «Etty era decisa ad andare a Westerbork e io le dissi: "Maledizione Etty, resta!" e l'afferrai. Lei si sottrasse con forza, mi fissò con un'impressione molto strana e disse: "Tu non mi capisci". "No, naturalmente", risposi, "non capisco una cosa maledetta come questa. Sei pazza". Lei replicò: "Voglio condividere il destino del mio popolo". Quando disse ciò, capii che ogni cosa era perduta. Non sarebbe più venuta da noi. E allora ci lasciò», in *Lettere*, 212. La registrazione dell'intervista è visibile nel documentario *Etty Hillesum. Una vita spezzata*, a cura di Jaap Walvis e Almar Tjepkema realizzato dalla televisione olandese nel 1984.

26 *Diario*, 712. 11 luglio 1942.

questa terra non sono molte: siamo mariti o padri, mogli o madri, siamo prigionieri o guardie carcerarie, non fa poi una grande differenza: le stesse mura ci circondano. E così via, da ripensarci in seguito. In realtà è l'orientamento interiore verso gli eventi a determinare il destino. In ciò consiste la vita».[27] Non ha senso scappare, conservare a tutti i costi un corpo abbrutito dalla paura e dal risentimento. È tempo di coltivare un nuovo «umanesimo»[28] e di testimoniarlo nonostante la tempesta. C'è un «destino di massa» ineluttabile che si deve «imparare a sopportare insieme agli altri».[29] Scrive sul diario il 10 luglio 1942: «Chiunque si voglia salvare deve pur sapere che se non ci va lui, qualcun altro dovrà andare al suo posto. Come se importasse molto se si tratti proprio di me, o piuttosto di un altro, o di un altro ancora. È diventato ormai un "destino di massa" e si dev'essere ben chiari su questo punto. [...] E, neanche fosse un fagottino, io mi lego sempre più strettamente sulla schiena, e porto sempre più come una cosa mia, quel pezzetto di destino che sono in grado di sopportare: con questo fagottino già cammino per le strade».[30] Prevale l'attaccamento al proprio popolo che l'incedere degli eventi alimenta,[31] ma anche il senso dell'irrevocabilità della

---

27 *Diario*, 383. 27 febbraio 1942.
28 *Ibid.*, 725. 20 luglio 1942.
29 *Ibid.*, 706. 10 luglio 1942.
30 *Diario*, 706-707. 10 luglio 1942.
31 Per Rachel Feldhay Brenner la consapevolezza della identità ebraica cresce proprio con l'inasprirsi dei provvedimenti antiebraici. Rachel Feldhay Brenner, *Writing as Resistance: four Women confronting the Holocaust: Edith Stein, Simone Weil, Anne Frank, Etty Hillesum*, The Pennsylvania State University Press, University Park, Pennsylvania 1997, 54-55; 73.

storia. Ci sono accadimenti così grandi e sovrastanti rispetto ai quali il singolo non ha possibilità di azione. Il vero margine di libertà è all'interno. La resistenza si gioca sul piano interiore, nella capacità di preservare la propria umanità. Solo in questo modo, paradossalmente, la storia può compiere un passo in avanti. Il mondo inaridito del dopoguerra non sarà costretto a ripartire da zero, ma a continuare un percorso intrapreso durante le macerie. A prevalere è il bisogno di vivere e di raccontare. Il lavoro alienante presso gli affollati uffici del Consiglio Ebraico allontana da sé, da quell'«amore per gli altri che dovrà essere conquistato non nella politica o in un partito, ma in se stessa».[32] C'è l'urgenza di preservare la propria umanità attraverso l'amore concreto per l'umano. Il bisogno di seguire gli uomini e le donne incontrati sul cammino fino in fondo, per «osservare il loro atteggiamento verso le questioni più alte, le questioni ultime».[33] Ritorna l'insegnamento di Spier e la scoperta di un dio non relegato nella solitudine ma tracciato dalla relazione concreta con l'umano. Scrive l'11 luglio 1942: «spesso la gente si agita quando dico: non fa poi molta differenza se tocca partire a me o a un altro, ciò che conta è che migliaia di persone debbano partire. Non è che io voglia buttarmi fra le braccia della morte con un sorriso rassegnato. È il senso dell'ineluttabile e la sua accettazione, la coscienza che in ultima istanza non ci possono togliere nulla. Non è che io voglia partire a ogni costo, per una sorta di masochismo, o che desideri essere strappata via dal fondamento stesso della mia esistenza - ma dubito che mi sentirei bene se mi fosse risparmiato ciò che tanti devono

---

32 *Diario*, 231. 22 novembre 1941.
33 *Lettere*, 98.

invece subire. Mi si dice: una persona come te ha il dovere di mettersi in salvo, hai tanto da fare nella vita, hai ancora tanto da dare. Ma quel poco o molto che ho da dare lo posso dare comunque, che sia qui, in una piccola cerchia di amici, o altrove, in un campo di concentramento».[34] Quello della Hillesum è un sentire radicale, per alcuni versi incomprensibile. La possibile accusa di arrendevolezza è dietro l'angolo. «Molte persone mi rimproverano per la mia indifferenza e passività e dicono che mi arrendo così senza combattere».[35] Tzvetan Todorov è su questa linea e rincara la dose. Per lo studioso, la passività e il fatalismo di simili atteggiamenti sono responsabili di avere favorito il progetto omicida dei nazisti. In *Di fronte all'estremo*, si chiede: «è davvero giusto vietarsi di odiare gli edificatori dei campi di concentramento, commissari comunisti o funzionari nazisti? Bisogna essere tolleranti nei confronti del male? [...] Combattendo l'odio in sé non si rischia di dimenticare la lotta contro l'odio incarnato dalle potenze totalitarie? [...] Ci si può perfino chiedere se in definitiva un simile atteggiamento non rischi di facilitare il progredire del male. L'"elementare indignazione morale" di cui parla Etty Hillesum sarebbe bastata a bloccare l'avanzata del nazismo? Interrogativo impellente, perché non riguarda solo chi ne sostiene la necessità, ma ogni tipo di resistenza al male.»[36] Più che per le risposte, gli interrogativi sono interessanti per le riflessioni in grado di stimolare. Essi aiutano a chiarire meglio la radicalità di un pensiero che potrebbe altri-

34 *Diario*, 711-712. 11 luglio 1942.
35 *Diario*, 711. 11 luglio 1942.
36 Tzvetan Todorov, *Di fronte all'estremo*, traduzione italiana di Elina Klersy Imberciadori, Garzanti, Milano 2011, 216-217.

menti essere ascritta al fanatismo di una esaltata o, nella migliore delle ipotesi, all'ascetismo sovrumano di una santa. Non è vero che la giovane ebrea prende sottogamba il male. È esattamente il contrario. La sua lucidità consiste nell'affrontare le cause originarie del conflitto che vive. La sua radicalità nel rifiuto di fermarsi al negativo così come appare per andare a una origine che mette in discussione l'umano. La sua è una condanna feroce che rifiuta di fare del male una forza manichea da ascrivere a una parte della storia. La giovane vuole cambiare il mondo e si impegna in prima persona per farlo. La sua è una «resistenza esistenziale»,[37] sottolinea Marco Deriu. «Io non so fare l'operaia socialista o la rivoluzionaria politica, questo posso togliermelo dalla testa».[38] C'è una rivoluzione fatta con le armi e c'è n'è una tutta spirituale, fatta di un cambiamento della coscienza. Sono entrambe importanti, ma alla lunga senza la seconda non si fa nessun passo in avanti. La donna sceglie la strada più lunga e tortuosa, quella più congeniale alla sensibilità della sua intelligenza. Vuole essere il cuore pensante delle baracche conosciute a Westerbork. «Di notte, mentre ero coricata nella mia cuccetta, circondata da donne e ragazze che russavano piano, o sognavano ad alta voce, o piangevano silenziosamente, o si giravano e rigiravano – donne e ragazze che dicevano così spesso durante il giorno: "non vogliamo pensare", "non vogliamo sentire, altrimenti diventiamo pazze" –, a volte provavo un'infinita tenerezza, me ne stavo sveglia e lasciavo

---

37 Marco Deriu, "La resistenza esistenziale di Etty Hillesum", in *La resistenza esistenziale di Etty Hillesum*, «Alfazeta», 60, VI 1996, NN. 10-11, 8-15.
38 *Diario*, 588. 9 giugno 1942.

che mi passassero davanti gli avvenimenti, le fin troppe impressioni di un giorno fin troppo lungo, e pensavo: "Su, lasciatemi essere il cuore pensante di questa baracca". Ora voglio esserlo un'altra volta.»[39]

*Giudicare il proprio tempo: in dialogo con Hannah Arendt*

Hannah Arendt non ha mai conosciuto gli scritti della Hillesum pubblicati sei anni dopo la sua morte. Due donne lontane e vicine. Tenute insieme dal testimoniare il loro essere ebree in un contesto storico unico e tremendo. Divise dal modo attraverso cui lo hanno subito. Scampata fortunosamente alla persecuzione attraverso l'esilio in Europa e negli Stati Uniti la prima; costretta a vivere il dramma della violenza antiebraica fino alla morte la seconda. Una pensatrice rigorosa abituata a muoversi in ambito accademico. Una giovane donna con la passione per la scrittura che scrive di sé in anni cruciali della sua vita e del mondo. Due esistenze accomunate dal coraggio di guardare un male oscuro e di osare trovare le parole per descriverlo. Due modi di dire il negativo legati dall'urgenza di raccontare. La prima attraverso il *reportage* giornalistico pubblicato nel 1963 dal titolo *La banalità del male*.[40] La seconda attraverso un linguaggio poetico che nel diario e nelle lettere cerca la sua forma. Il racconto svolge il gomitolo della testimonianza dipanandone la matassa aggrovigliata dal dolore. La narrazione dà senso al corso del mondo sottraendone i fatti all'oblio e all'insensa-

---

39 *Diario*, 788. 3 ottobre 1942.

40 Hannah Arendt, *La banalità del male. Eichmann a Gerusalemme*, traduzione di Piero Bernardini, Feltrinelli, Milano 2007. Il titolo dell'edizione americana è *Eichmann in Jerusalem*.

tezza per ricucirli in una veste inedita in cui la grande storia incontra la piccola. Lo sa bene la filosofa che per descrivere il male sceglie volutamente il racconto e non la disquisizione filosofica, diversamente da opere precedenti come *Le origini del totalitarismo*. La testimonianza è questa capacità di dare senso agli avvenimenti senza sottrarli al dolore, ma facendo di quest'ultimo un punto di osservazione e comprensione più alto di se stessi e del mondo. La verità del testimone si gioca in questo. Se accompagnata dall'esercizio autentico del pensiero come ricerca della verità, la sofferenza non tradisce ma rivela senza sconti. A legare il racconto delle due donne è la capacità di dare senso ai fatti storici senza sottrarli alla sofferenza ma facendo leva su di essa, nota Giancarlo Gaeta.[41] Non c'è vera conoscenza senza coinvolgimento personale, senza quell'*eros* originario che dice di un amore per il vero impensabile senza un doloroso coinvolgimento di sé. Furono i greci, amati dalla Arendt, a intercettare per primi l'urgenza di raccontare «ciò che è». Platone, Socrate, ancora prima i

---

41 Giancarlo Gaeta, *Il privilegio di giudicare. Scritti su Etty Hillesum*, Apeiron, Sant'Oreste 2016, 86. Devo al saggio *Il privilegio di giudicare: Hannah Arendt ed Etty Hillesum* contenuto nel volume l'ispirazione per le riflessioni di questo paragrafo. Dello stesso autore si vedano anche: Gaeta Giancarlo, "Un vero senso della storia. La lezione di umanità di Etty Hillesum", in *La resistenza esistenziale di Etty Hillesum*, «Alfazeta» n. 60, 44-47; Idem, "Etty Hillesum: il muro oscuro della preghiera", in Aa.Vv., *Etty Hillesum. Diario 1941-1943. Un mondo 'altro' è possibile*, 25-27; Idem, "Scrittrici del Novecento: la libertà di pensare le cose come sono", in Aa.Vv., *Le cose come sono. Etica, politica, religione*, Libri Scheiwiller, Milano 2008, 111-133; Idem, "«Con un vero senso della storia»: la fede di Etty Hillesum", in Aa.Vv., *Dopo la Shoah. Un nuovo inizio per il pensiero*, Carocci, Roma 2011, 185-194.

padri della storia Omero e Erotodo. «Colui che dice ciò che è – λέγει τὰ ἐόντα – racconta sempre una storia, e in questa storia i fatti particolari perdono la loro contingenza e acquistano un significato umano e comprensibile. È perfettamente vero che "tutti i dispiaceri possono essere sopportati se li si inserisce in una storia o se si racconta una storia su di essi", secondo le parole di Isak Dinesen».[42] La pensatrice cita il vero nome della romanziera Karen Blixen, scrittrice a lei cara. Storico e romanziere hanno in comune una trasformazione della materia prima dei fatti storici «strettamente imparentata con la trasfigurazione poetica degli stati d'animo o dei moti del cuore, la trasfigurazione del dolore in lamentazione o del giubilo in lode».[43] Nel racconto, la sofferenza assume una funzione catartica: espelle le emozioni negative che impediscono la comprensione del vero per «insegnare ad accettare le cose così come sono».[44] Un compito contrassegnato da un prezzo altissimo. L'urgenza di testimoniare porta l'olandese a scegliere di prendere parte al male rifiutando l'idea di un facile nascondiglio. Il suo è un desiderio di vedere e raccontare a rischio della stessa vita. Una urgenza induce la filosofa tedesca a indossare le vesti di inviata del *The New Yorker* in occasione del processo ad Adolf Eichmann, tra i grandi protagonisti dello sterminio nazista, tenuto nello stato di Israele nel 1961. Un frammento di storia ritorna dopo decenni di sepoltura e chiama a fare i conti con anni di pena silente. Uno

---

42 Hannah Arendt, *Verità e Politica seguito da La conquista dello spazio e la statura dell'uomo*, a cura di Vincenzo Sorrentino, Bollati Boringhieri, Torino 2012, 75.

43 *Ibidem.*

44 *Ibidem*, 76.

scendere a patti con il male che la condanna alla solitudine degli amici e del mondo accademico. L'accusa è di avere osato giudicare l'ingiudicabile. Lei, ebrea, è additata di insensibilità nei confronti del suo stesso popolo.[45] Pubblicato nel 1963, il libro è pietra dello scandalo e alimenta un dibattito fatto di accuse infamanti e profondi travisamenti. Agli occhi della pensatrice, il processo è un'occasione mancata per gli ebrei e per il mondo. Una possibilità di leggere quello che è realmente accaduto sfumata dal prevalere di sentimenti di vendetta e risentimento personali. Un momento perso per fare giustizia. Ottenebrato dall'odio, il processo si rifiuta di cogliere il nuovo del genocidio ebraico. Riportando lo sterminio alla tradizione millenaria delle persecuzioni antisemite, si perde di vista la novità del male introdotta dal nazismo. Questa volta l'attacco agli ebrei non è rivolto più al popolo eletto, ma alla idea di umanità. È «un attentato alla diversità umana in quanto tale, cioè a una caratteristica della "condizione umana" senza la quale la stessa parola umanità si svuoterebbe di significato».[46] Quello che è accaduto, nel modo in cui è accaduto, per le proporzioni che ha avuto, riguarda tutti e chiama a una messa in discussione radicale. Un altro grande errore consiste nell'avere voluto fare dell'uomo Eichmann un mostro gigantesco, un «Barbablù in gabbia», rispondendo più al bisogno di vendetta che al desiderio di giustizia. L'uomo che la giornalista si trova davanti non ha il demoniaco aspetto del criminale senza scrupoli. Non è né un Faust né

---

45 Mi riferisco all'accusa fatta da Gershorm Scholem nella lettera all'amica del 23 giugno 1963. Hannah Arendt, *Ebraismo e modernità*, a cura di Giovanna Bettini, Feltrinelli, Milano 2009, 216.

46 Arendt, *La banalità del male*, 275.

un Macbeth, ma un uomo qualunque, terribilmente normale. Un signor nessuno, privo di idee e capace di compiere il male «quasi» senza accorgersene. Nessuna profondità diabolica, ma un'assoluta mancanza di giudizio che ne fa un individuo predisposto a divenire uno dei più grandi criminali della storia. Eichmann ripete in modo ossessivo di non avere mai ucciso né voluto uccidere, di avere fatto solo il suo dovere obbedendo agli ordini superiori. Questo non scagiona la sua responsabilità, ma mostra l'inquietante volto di un male banale, assolutamente privo di profondità. «Egli non capì mai fino in fondo cosa stava facendo.»[47] Un male attraversa l'Europa nutrito dal governo di nessuno della burocrazia, dalla monopolizzazione delle coscienze della nuova forma di regime politico: il totalitarismo. Nessun margine tra pubblico e privato, la propaganda narcotizza il pensiero e l'ideologia semina odio e barriere. Un marciume si insinua nella rispettabile morale borghese per determinarne il collasso. Un crollo dei valori nel cuore del mondo civilizzato rende possibile l'avanzata del nazismo e la sua progressiva attuazione del piano di morte. L'elevazione a legge, a «nuovo ordine», del diritto di uccidere l'altro per il solo fatto di essere diverso. L'industria della morte, che nei lager ha il suo compimento, è stata possibile perché una parte dell'Europa lo ha permesso. Il caso Eichmann non è un fenomeno isolato, ma cartina di tornasole del disintegrarsi collettivo delle coscienze. Tutto ciò costringe a ripensare il passato fuggendo delle categorie classiche come amico/nemico, buoni/cattivi, ebreo/non-ebreo. Il male non è più «radicale», come la pensatrice aveva

47 *Ibidem*, 290.

invece sostenuto in passato,[48] ma assolutamente privo di sostanza, impalpabile, senza radice e dunque penetrabile ovunque. «Il male non è *radicale*, nel senso che non va alle radici (*radix*), che non ha profondità e che proprio per questa ragione è così terribilmente difficile pensarlo, perché per definizione pensare vuol dire arrivare alle radici delle cose. Il male è un fenomeno di superficie e, anziché essere radicale, è semplicemente estremo.»[49] Il collaborazionismo degli ebrei ne è la prova evidente. L'accusa è senza sconti: «la verità vera era che sia sul piano locale che su quello internazionale c'erano state comunità ebraiche, partiti ebraici, organizzazioni assistenziali. Ovunque c'erano ebrei, c'erano stati capi ebraici riconosciuti, e questi capi, quasi senza eccezioni, avevano collaborato con i nazisti, in un modo o nell'altro, per una ragione o per un'altra. La verità vera era che se il popolo ebraico fosse stato realmente disorganizzato e senza capi, dappertutto ci sarebbe stato caos e disperazione, ma le vittime non sarebbero state quasi sei milioni.»[50] Al centro del mirino c'è il Consiglio Ebraico, l'organismo voluto dai tedeschi e gestito da ebrei il cui compito è di controllare le comunità per favorirne le deportazioni. Nel 1961, Raul Hilberg è il primo a denunciare il collaborazionismo dei consigli ebrai-

48 Hannah Arendt, *Le origini del totalitarismo*, traduzione di Amerigo Guadagnin, Piccola Biblioteca Einaudi, Torino 2009, 629.

49 Hannah Arendt, *Politica ebraica*, traduzione di Renato Benvenuto e Fiorenza Conte, Cronopio, Napoli 2013, 244. Una riflessione sul male senza radici si trova negli articoli pubblicati in italiano nel volume: Hannah Arendt, *Alcune questioni di filosofia morale*, a cura di Simona Forti e traduzione di Davide Tarizzo, Einaudi, Torino 2015.

50 Arendt, *La banalità del male*, 132.

ci nella opera monumentale *La distruzione degli Ebrei d'Europa*.[51] Fu grazie all'acribia di simili organizzazioni che in Olanda le deportazioni ebbero un risultato spaventoso: «Una catastrofe che non ebbe l'uguale in nessun altro paese occidentale, paragonabile solo allo sterminio, avvenuto per altro in condizioni molto diverse, e fin dall'inizio disperate, degli ebrei polacchi».[52] La sacralità di Auschwitz è minata alla fondamenta. La Arendt è letteralmente travolta da valanghe di accuse da parte di una comunità inorridita. A un ventennio di distanza, si preferisce ancora non vedere, non pensare. Nel

51 Hilberg, *La distruzione degli Ebrei d'Europa*, 1161-1175. Più recentemente: Saul Friedländer, *Gli anni dello sterminio. La Germania nazista e gli ebrei: 1939-1945*, 68-72. Sul collaborazionismo del Consiglio Ebraico olandese rimando a: Jacob Presser, *The Destruction of the Dutch Jews*, 45- 57; 238-277.

52 Arendt, *La banalità del male*, 176. Sulle deportazioni in Olanda si veda: 172-176. A tal proposito Hilberg commenta: «abbiamo già visto come la situazione geografica dei Paesi Bassi, e la natura dell'amministrazione tedesca in quel Paese favorissero l'operazione di distruzione. Sarebbe servito uno sforzo straordinario da parte degli ebrei e degli olandesi per modificare questi fattori. Sappiamo che gli ebrei erano incapaci di una reazione organizzata. La salvezza degli ebrei in Olanda fu, essenzialmente, il risultato dell'iniziativa individuale, condotta a scopi personali. […] Coloro che non riuscirono a cavarsela da soli, vennero arrestati dalla polizia di Rauter o consegnati ai tedeschi dal *Joodsche Raad*. Fu la sorte di una grande maggioranza. Quale fu il ruolo degli olandesi nel processo di distruzione? Quando i tedeschi attaccarono l'Olanda, nel maggio del 1940, gli olandesi si batterono in campo aperto per alcuni giorni, poi fecero retromarcia e, per cinque anni, si collocarono a metà strada tra la collaborazione burocratica e il sabotaggio clandestino. In gran parte fu anche ciò che si produsse, su scala ridotta, con gli ebrei», in Hilberg, *La distruzione degli Ebrei d'Europa*, 621.

pieno della guerra, Etty Hillesum vive su sé il cancro della corruzione morale, ne fiuta il destino di morte e lo denuncia senza appello. A Westerbork, la donna fa esperienza della degenerata pratica di tentare di scampare le deportazioni attraverso pagamento di ingenti somme di denaro. Una compravendita gestita da ebrei sugli stessi ebrei. «Il Consiglio Ebraico ha fatto gravi errori, e continua a farne. [...] In mezzo a noi ci sono ancora troppi mercanti: prima commerciavano in paste dentifricie, o mercanzie affini, e adesso commerciano in ebrei».[53] Sempre in una lettera dal campo scrive: «stanno giocando un bel giochetto con noi, ma noi lo consentiamo, e la nostra vergogna rimarrà incancellabile per tutte le generazioni future».[54] Il male che cresce attorno a sé non è molto diverso dalla «banalità» denunciata più di venti anni dopo. L'odio che serpeggia nelle coscienze, l'assoluta volontà di non pensare sono preziosa testimonianza in presa diretta. Il bisogno di andare alle origini, nel tentativo di salvaguardare una coscienza collettiva in frantumi, rende la sua parola una prodigiosa anticipazione del futuro. Un linguaggio reso vivo dalla stessa esistenza. Tanto più prezioso perché in atto nel cuore stesso della sventura. Tanto più grande perché già consapevole della necessità salvifica di raccontare. «Ma se io ho un dovere nella vita, in questo tempo, in questo stadio della mia vita, è proprio quello di scrivere, annotare, conservare. Le cose, nel frattempo, le digerirò comunque».[55] Una testimonianza che è di più di una testimonianza. Se avesse letto gli scritti della Hillesum, l'ebrea tedesca avrebbe trovato

---

53 *Lettere*, 37.
54 *Lettere*, 104.
55 *Diario*, 778. 29 settembre 1942.

del materiale fecondo per il suo lavoro. Avrebbe soprattutto riscontrato una conferma della sua analisi in una resistenza possibile e disperata. Nel saggio *La responsabilità personale sotto la dittatura*, la studiosa ritorna sul concetto di responsabilità. Nel mirino è ancora una volta il collaborazionismo. Verso la fine del saggio, l'attenzione va a coloro che pur non ribellandosi o non potendo ribellarsi rifiutarono di prendere parte alla vita pubblica. A chi non scese a patti con il male salvaguardando la capacità di giudizio su tutto ciò che stava accadendo. A chi volle capire senza per questo prendere parte attiva alla politica del tempo. L'apparente arrendevolezza di questi uomini e di queste donne li rende accusabili di avere favorito il nazismo? Si chiede l'autrice anticipando gli interrogativi di Todorov. La risposta è chiara: «io credo [...] che si siano chiesti fino a che punto avrebbero potuto restare in pace con se stessi se avessero commesso certi atti, e che abbiano quindi preferito non commetterli. [...] Solo a questa condizione essi potevano continuare a vivere restando se stessi. E quindi scelsero anche la morte quando furono costretti a collaborare. Per dirla in termini estremi: si rifiutarono di uccidere non perché ubbidivano rigorosamente al comando "non uccidere", ma piuttosto perché non volevano convivere con un assassino - cioè con se stessi. Il presupposto per formarsi questo tipo di giudizio non è un'intelligenza altamente sviluppata o un senso morale estremamente differenziato, ma semplicemente l'abitudine a convivere senza infingimenti con se stessi, a trovarsi in quel silenzioso colloquio tra sé e il proprio Io che da Socrate a Platone in poi siamo soliti chiamare pensiero.»[56] Molte di queste considerazioni trovano un loro senso nella resistenza della studentessa olandese. La radicalità del suo sentire ci interpella e non smette di interrogarci. Commenta ancora la Arendt: «noi resistiamo al male non facendoci trascinare dalla superfice delle cose, fermandoci e mettendoci a pensare – vale a dire raggiungendo un'altra dimensione rispetto a quella costituita dall'orizzonte della vita quotidiana».[57] Etty Hillesum resiste al male con la scoperta di un luogo invulnerabile dentro di sé. Una libertà inalienabile in cui incontra se stessa e l'inedito di Dio.

Groninga, il mercato del pesce. Alla fine del 1941 arrivarono i cartelli con lo scritto: "Vietato l'ingresso agli ebrei".

---

56 Aa.Vv., *Oltre la politica. Antologia del pensiero "impolitico"*, a cura di Roberto Esposito, Bruno Mondadori, Milano 1996, 123-124.
57 Arendt, *Politica ebraica*, 244.

# III. Un dio che cresce dentro

*Cercarsi nel silenzio*

Il diario è il racconto di una scoperta che segna profondamente: l'incontro con Dio. L'esperienza in presa diretta di un inedito che fa luce sul male nella storia e dà senso alla scelta di farsi toccare in modo radicale dal proprio tempo. Il cammino spirituale prende corpo tra due poli destinati a influenzarsi reciprocamente: lo spazio esterno della guerra e quello interno della ricerca di sé. Al frastuono del male dilagante fa da contrasto la ricerca del silenzio dell'incontro con se stessi. Al progressivo restringimento dello spazio di vita, c'è il crescere lento di un universo interiore la cui intensità si sviluppa su vari livelli di profondità. La scoperta di Dio è il frutto di tale ricerca. Un incontro che ha inizio da un originario bisogno di silenzio. Una solitudine trovata nella cameretta colma di libri e coltivata con l'esercizio quotidiano della lettura e della scrittura. Nel buio nordico di primo mattino, la giovane siede religiosamente alla scrivania illuminata dalla lampada per cercare se stessa. Quella stanza tutta per sé è fuga dal tempo di orrore dietro la finestra. Un guscio di noce in cui proteggersi e alienarsi dal mondo. Il silenzio della parola è liquido amniotico che isola da tutto e riporta al mondo dell'indifferenziato grembo materno. «Vuoi espanderti tutta in una parola, in parole colorate ed estese. Ma quelle parole non potranno contenerti. [...] Questo voler ritornare al buio, al grembo materno, al *collettivo*; e d'altra parte diventar autonoma, trovare la mia forma, strapparla al caos. Sono tirata ora da un estremo, ora dall'altro».[1] Il bisogno della solitudine è possibilità di ritrovare se stessi, ma anche autistico ripiegamento nel proprio egoismo. Un ritornare a sé per paura di vivere. Il dio che compare nelle prime pagine non è che un richiamo letterario. Scrive il 9 marzo 1941: «"Il mondo rotola melodiosamente dalla mano di Dio": ho avuto in mente queste parole di Verwey per tutto il giorno. Anch'io vorrei rotolare melodiosamente dalla mano di Dio.»[2] Il cammino è all'inizio. A occupare la scena è il senso di disperazione generato dalle frequenti depressioni psico-fisiche, l'esistenza senza orientamento, il bisogno disperato di sé. Concreta è invece la ricerca di un raccoglimento silenzioso, uno «sprofondare in se stessi»[3]. Un *sich versenken* o, ancora, un «riposare in se stessi» [*ruhen in sich*[4]], come scrive, utilizzando l'espressione tedesca per rimarcare l'importanza di una parola difficile da rendere in altra lingua. «Si può anche chiamare meditazione; ma questa parola mi dà ancora i brividi. E del resto, perché no? Una quieta mezz'ora dentro me stessa. Non è sufficiente muovere braccia, gambe e tutti gli altri muscoli nel bagno, ogni mattina. Un essere umano è corpo *e* spirito. E una mezz'ora di esercizi combinata con una mezz'ora di "meditazione" può creare una base di serenità e concentrazione per tutto il giorno. Non è però una cosa semplice, quella *stille Stunde,* "ora quieta"; bisogna impararla»[5], scrive l'otto giugno del 1941. È Spier a mostrarle questa pra-

---

1 *Diario*, 215. 22 ottobre 1941.

2 *Diario*, 34. 9 marzo 1941.

3 *Diario*, 102. 8 maggio 1941.

4 *Diario*, 169. 24 settembre 1941. La locuzione in tedesco non compare nell'edizione italiana. *Het Werk*, 110.

5 *Diario*, 103. 8 giugno 1941.

tica e ad avviarla alla quotidiana lettura dei testi sacri. È lui a parlarle di Dio e la sua voce amata risuona come richiamo originario. «Conosco i suoi gesti intimi con le donne e ora vorrei ancora conoscere i gesti che ha per Dio. Prega tutte le sere. S'inginocchia in mezzo alla cameretta? Nasconde la testa pesante dietro le sue grandi, buone mani? E s'inginocchia prima di essersi tolto la dentiera, o dopo?»[6] È la forza del legame e la testimonianza dell'uomo a dissotterrare pietra dopo pietra un dio sepolto e dimenticato.[7] « [...] tu sei un uomo che ha il coraggio di vivere la vita in tutta la pienezza

6 *Diario*, 300. 21 dicembre 1941.

7 Denise de Costa evidenzia l'importanza dell'influenza esercitata dall'amica Henny Tideman nel rapporto a Dio. Un ruolo riconosciuto dalla stessa Hillesum, ma che nella lettura della studiosa rischia di oscurare il primato di Spier. Denise de Costa, *Anne Frank and Etty Hillesum*, 219-224. Ria van den Brandt ricostruisce l'importanza della personalità dell'amica nella vita e nella fede dell'ebrea anche grazie a un inedito studio del *Levenskunst* (L'arte di vivere), curato da A. J. C. Van Seters e custodito ora nel Museo Ebraico di Amsterdam. Si tratta di un particolare libretto che le amiche riempiono di frasi e citazioni varie per almeno tutto il 1942. Ria van den Brandt, *Etty Hillesum. Amicizia, ammirazione, mistica*, traduzione di Gerrit Van Oord, Apeiron Editori, Sant'Oreste 2010, 21-50. Ho scelto di non soffermarmi sull'influenza della Tideman perché ritengo che il primato rimanga di Spier e in quella relazione d'amore che ha avuto la forza di accendere la ricerca. Sono d'accordo con le riflessioni di Nadia Neri che legge il tentativo di declassare la presenza di Spier come una «contestazione un po' veterofemminista» che non aiuta né la causa delle donne né la ricostruzione del sentire della Hillesum. Nadia Neri, *Un'estrema compassione. Etty Hillesum testimone e vittima del Lager*, 26. L'approccio rischia di attutire quel processo di emancipazione psicologica compiuto dalla donna grazie all'incontro con Spier, ma capace di andare oltre esso. Una soggettivazione crescente che rimane la parte più prolifera

del suo significato, il che vuol dire semplicemente attingere dalle proprie scaturigini, in questo modo costringi coloro che si confrontano seriamente con te a tornare alle loro scaturigini, a loro stessi, e, muovendo di qui, a volgersi di nuovo agli altri.»[8] Il desiderio per l'uomo apre a un desiderio più grande attraverso l'esperienza di una sensualità che «[...] sorge da aree più profonde e non solo dal corpo.»[9] Il rapporto col divino maturato dentro passa attraverso il corpo ed è fatto di piccoli gesti quotidiani. Come l'inginocchiarsi al mattino presto in bagno, sul tappeto di cocco. Un gesto istintivo, spiazzante eppure naturale. Scrive il 24 settembre 1941: «Oggi pomeriggio mi sono ritrovata d'un tratto in ginocchio sulla stuoia di cocco marrone, nel bagno, la testa nascosta nell'accappatoio, che pendeva dalla sedia di vimini rotta. Non riesco proprio a inginocchiarmi bene, c'è una sorta di imbarazzo in me. Perché? Forse a causa della parte critica, razionale e atea che pure mi appartiene. Tuttavia sento, di tanto in tanto, un forte desiderio di inginocchiarmi, con le mani sul viso, per trovare pace e per ascoltare la fonte nascosta in me.»[10] Nel colloquio interiore, il corpo prende parte alla preghiera non come mortificazione, ma con la naturalezza di una partecipazione fatta di gesti intimi come quelli dell'amore. Nel guscio di noce della propria interiorità c'è uno spazio infinito che richiama le ampie steppe dell'amata Russia, «vaste pianure, infinitamente vaste, quasi prive di orizzonte,

---

della sua vita e, forse, l'insegnamento più importante per le donne che oggi leggono il suo diario.

8 *Diario*, 142. 10 agosto 1941.

9 *Diario*, 422. 16 marzo 1942.

10 *Diario*, 278. 24 settembre 1941.

perché ognuna scompare nell'altra».[11] «Quando me ne sto
tutta rannicchiata su questa sedia, il capo piegato, in realtà
vago per quelle distese immacolate, e dopo un po' mi coglie
una sensazione di benessere, di infinito e di pace. Il mondo
interiore è tanto reale quanto quello esterno. Bisogna esserne
consapevoli. Anch'esso ha i suoi paesaggi, i suoi contorni, le
sue possibilità, i suoi terreni sconfinati.»[12] Il 10 agosto 1941
la registrazione di un inedito: «ho ritrovato il contatto con
me stessa, con la parte migliore e più profonda del mio essere,
quella che io chiamo Dio.»[13] Nel silenzio c'è la scoperta di
uno scarto non riconducibile all'interiorità, l'incontro con un
*altrove* rispetto a sé stessi e al mondo. Il desiderio dell'Altro
mostra il suo originario vuoto infinito che nessun oggetto
può colmare. Nemmeno l'amore per l'uomo che l'ha fatta
nascere una seconda volta. Il silenzio è quel *resto* del godimento immediato della vita che chiama a un passaggio che la
Hillesum sente di rimarcare simbolicamente con la parola
«Dio». «A volte trovo la parola "Dio" così primitiva: è solo
una metafora dopo tutto, un avvicinamento alla nostra più
grande e continua avventura interiore; sono sicura di non
aver neppure bisogno della parola "Dio", che a volte si pre-
senta come un suono primitivo, primordiale. Una costruzione di sostegno.»[14] «Dio» dice di un incontro che decentra il
soggetto, lo sradica dal suo naturale egoismo per rifondarlo
alla radice. «E quando dico che ascolto dentro, in realtà è Dio
che ascolta dentro di me. La parte più essenziale e profonda

11 *Diario*, 108. 10 giugno 1941.
12 *Diario*. 108. 10 giugno 1941.
13 *Diario*, 140. 9 agosto 1941.
14 *Diario*, 644. 22 giugno 1942.

di me che presta ascolto alla parte più essenziale e profonda dell'altro. Dio a Dio.»[15] Il silenzio è esperienza di uno sradicamento quale possibilità di una visione più ampia. Non è monologo ma ascolto, relazione. Un tacere nell'intimo per far spazio al dialogo con l'Altro. C'è un verbo che più di tutti esprime questa relazionalità ed è «ascoltare in profondità»: «*hineinhorchen*, "prestare ascolto dentro" di sé, dentro gli altri, all'interno del contesto di questa vita, e dentro te. *Hineinhorchen*, vorrei trovare una buona traduzione olandese di questa parola. In fondo, la mia vita è un ininterrotto ascoltar dentro me stessa, gli altri, Dio».[16] La passività dell'ascolto non è ripiegamento, ma un lasciarsi attraversare attivo per sintonizzarsi con l'Altro. In questo abbandono consiste la ribellione del silenzio. Una accoglienza che porta a offrirsi come «campo di battaglia» del proprio tempo per viverne su di sé il senso. «Mi sento piuttosto come un piccolo campo di battaglia su cui si combattono i problemi, o almeno alcuni problemi del nostro tempo. L'unica cosa che si può fare è offrirsi umilmente come campo di battaglia. Quei problemi devono pur trovare ospitalità da qualche parte, trovare un luogo in cui possano combattere e placarsi, e noi, poveri piccoli uomini, noi dobbiamo aprir loro il nostro spazio interiore, senza sfuggire.»[17] L'esistenza si allarga in questo accoglie-

---

15 *Diario*, 757. 17 settembre 1942.

16 *Diario*, 755. 16 settembre 1942. Dal tedesco *hinein* [dentro] e *horchen* [stare in ascolto, stare a sentire, origliare]. La Hillesum utilizza anche il sinonimo *hineinhören* o *hineinzuhören* (*Diario*, 367) pur mostrando una predilezione per il primo verbo. Il verbo *hören* [udire, sentire] contiene infatti in sé una passività che smorza l'attività dell'ascoltare dentro di sé resa meglio dal termine *horchen*.

17 *Diario*, 112. 15 giugno 1941.

re empaticamente la vita e la morte nella scoperta che ci può essere spazio per tutto: per una misera fine e per una fede in Dio. Non si tratta di un illusorio volgere tutto in bene, ma di un tenere insieme le contraddizioni del mondo, senza levigarle, per comprenderle come parte di un unico insieme. Il dio allevato dentro è figlio di questa accoglienza. Nel luglio 1942, la presa d'atto della tragedia imminente potenzia la scoperta in un dialogo ininterrotto con l'Altro. Scrive il 3 luglio 1942: «Bene, questa nuova certezza io l'accetto. Ora lo so: vogliono il nostro totale annientamento. Non darò più fastidio con le mie paure, non sarò amareggiata se altri non capiranno cos'è in gioco per noi ebrei. Una sicurezza non sarà corrosa o indebolita dall'altra. Continuo a lavorare e a vivere con la stessa convinzione e trovo la vita ugualmente ricca di significato, anche se non ho quasi più il coraggio di dirlo quando mi trovo in compagnia. La vita e la morte, il dolore e la gioia, le vesciche ai piedi estenuati dal camminare e il gelsomino dietro la casa, le persecuzioni, le innumerevoli atrocità, tutto, tutto è in me come un unico, potente insieme, e come tale lo accetto e comincio a capirlo sempre meglio – così, per me stessa, senza riuscire ancora a spiegarlo agli altri. Mi piacerebbe vivere abbastanza a lungo per poterlo fare, e continuerà la mia vita dov'essa è rimasta interrotta. Ho il dovere di vivere nel modo migliore e con la massima convinzione, sino all'ultimo respiro.»[18] Il divino ha il suono libero di una spiritualità che non conosce le strettoie della legge. È richiamo sorgivo che salta ogni mediazione etica e che, per questo, si rivela capace di un volo titanico sul proprio tempo. Un dio nutrito da una impronta ebraico-cristiana, attinta al

---

18 *Diario*, 675-676. 3 luglio 1942.

nuovo e al vecchio testamento, da una letteratura spirituale che passa attraverso Agostino, Meister Eckhart, Dostoevskij, Kierkegaard fino all'amato Rilke, ma che di fatto rifiuta una precisa identificazione religiosa. Il passato della Hillesum non è contrassegnato da nessun particolare interesse religioso e la sua è una famiglia di ebrei integrati, per quanto il padre sia un conoscitore della Bibbia. In tale apertura spirituale ha un ruolo l'impronta di Spier e della psicoanalisi junghiana approfondita grazie alla frequentazione dell'amico.[19] La naturalezza con cui la giovane vive l'inedito di Dio fa però tutt'uno con un modo di essere al mondo fuori dai vicoli ciechi della morale. In questo senso, il racconto di sé stessa è illuminante. A partire dal modo in cui vive la storia sentimentale con i due uomini della sua vita: «nel mio cuore gli sono fedele. Sono anche fedele a Han. Sono fedele a tutti. Per strada cammino accanto a un uomo con in mano dei fiori bianchi che paiono un mazzolino da sposa, e lo guardo in viso con occhi raggianti; e solo dodici ore fa ero fra le braccia di un

_____

19 Nel diario, la Hillesum cita a più riprese opere dello psicanalista Carl Gustav Jung soffermandosi in particolare su quelle in cui afferma l'importanza della dimensione spirituale. Per Jung, l'inconscio è portatore della storia personale del paziente, ma anche di rappresentazioni simboliche universali che ricorrono nei miti, nelle religioni, nel pensiero filosofico e nelle opere d'arte, oltre che nei sogni e nei deliri. Questo lo porta a postulare l'esistenza di una verità archetipa in cui sono sedimentate le esperienze fatte dall'umanità nel suo progressivo sviluppo di coscienza. L'archetipo si manifesta nel simbolo quale possibilità di accesso al sacro. Da qui l'interesse per la religione, il mito, le fiabe e l'alchimia. A differenza di Freud, Jung riconosce alla dimensione spirituale valore e autonomia. Per una ricostruzione dell'influenza di Jung nel pensiero dell'ebrea olandese, rimando al capitolo *Etty e Jung* contenuto in Nadia Neri, *Un'estrema compassione*, 31-47.

altro uomo e gli volevo, e gli voglio, bene. È sordido? È decadente? Per me è tutto perfettamente in ordine: forse perché ciò ch'è fisico non m'importa, non m'importa più molto. Si tratta di un altro amore, che si estende più lontano. O mi sto illudendo? Sono troppo vaga, anche nei miei rapporti con gli altri? Non credo».[20]

L'otto dicembre 1941 la registrazione dell'aborto: «stamattina alle sei è nato il bambino mai nato. Aveva solo dieci giorni».[21] Il «bambino mai nato» [*ongeboren kind*], come lo chiama, è molto probabilmente di Han Wegerif. La scelta di porre fine alla gravidanza non desiderata è senza tentennamenti. L'assenza di istinto materno, la paura della malattia mentale che serpeggia nella famiglia, l'incalzare della guerra spingono per una decisione su cui ritorna pochissime volte. Una di queste ne ribadisce l'importanza associandola alla profondità del legame con Spier. «Ti porto dentro di me come il mio bambino mai nato»,[22] scrive nel luglio del 1942 sotto la pressante minaccia della guerra. Colpisce la naturalezza con cui l'esperienza rientri fin da subito nel dialogo interiore senza sensi di colpa o perbenismo di sorta. L'interruzione volontaria della gravidanza non allontana dalla scoperta di Dio. Scrive il 3 dicembre 1941: «Di nuovo m'inginocchio sul ruvido tappeto di cocco, con le mani che coprono il viso, e prego: Signore fammi vivere di un unico, grande sentimento – fà che io compia amorevolmente le mille piccole azioni di ogni giorno, e insieme riconduci tutte queste piccole azioni a un unico centro, a un profondo sentimento di disponibilità

20 *Diario*, 257. 5 dicembre 1941.
21 *Diario*, 264. 8 dicembre 1941.
22 *Diario*, 714. 12 luglio 1942.

e di amore. Allora quel che farò, o il luogo in cui mi troverò, non avrà più molta importanza. Ma non sono ancora affatto a questo punto. Oggi inghiottirò venti pillole di chinino, non mi sento proprio tanto bene a sud del mio diaframma.»[23] C'è una aderenza alla materialità che permea l'esperienza spirituale. A cominciare dall'attenzione per il corpo a cui dedica cure anche al campo di Westerbork, premurandosi di chiedere agli amici provviste per sé e per i suoi cari. La consapevolezza crescente che «il corpo e l'anima sono davvero una cosa sola». La scommessa non è rifiutare la terra e con essa la vita, ma integrarle nella complessità di una adesione più ampia. L'accoglienza senza misura è lavoro meticoloso e costante sui lacci del desiderio. Uno sgravarsi dalle maglie del possesso intrapreso ai tempi dell'amore totalizzante con Spier e continuato nell'incontro con Dio. Un accogliere senza trattenere, un farsi attraversare per lasciare andare. Il naturale bisogno di tenerezza, la sensualità che pulsa dentro come immediato richiamo di vita ritrovano una collocazione in un nuovo senso del mondo. La fede è attraversata da tale radicamento alla esistenza. Scrive il 20 giugno 1942: «Stamattina pedalavo lungo lo Stadionkade e mi godevo l'ampio cielo ai margini della città, respiravo la fresca aria non razionata. Dappertutto c'erano cartelli che ci vietano le strade per la campagna. Ma sopra quell'unico pezzo di strada che ci rimane c'è pur sempre il cielo, tutto quanto. Non possono farci niente, non possono veramente farci niente. Possono renderci la vita un po' spiacevole, possono privarci di qualche bene materiale o di un po' di libertà di movimento, ma siamo noi stessi a privarci delle nostre forze migliori col nostro atteggiamento

---

23 *Diario*, 253. 3 dicembre 1941.

sbagliato: col nostro sentirci perseguitati, umiliati e oppressi, col nostro odio e con la millanteria che maschera la paura. Certo che ogni tanto si può esser tristi e abbattuti per quel che ci fanno, è umano e comprensibile che sia così. E tuttavia: siamo soprattutto noi stessi a derubarci da soli. Trovo bella la vita, e mi sento libera. I cieli si stendono dentro di me come sopra di me. Credo in Dio e negli uomini e oso dirlo senza falso pudore. La vita è difficile, ma ciò non è grave.»[24] Si tratta di una adesione preservata fin nell'inferno del campo e che rivela un «indomabile attaccamento ebraico alla vita», sottolinea Sergio Quinzio.[25] La cura di sé e degli altri, l'attenzione per la materia come parte essenziale della dimensione spirituale mostrano l'ebraismo ma anche la sensibilità femminile della Hillesum.[26] Un modo di essere al mondo che

24 *Diario*, 636-637. 20 giugno 1942.
25 Sergio Quinzio, "Attaccamento alla vita e pietà", in: Aa.Vv., *L'esperienza dell'Altro. Studi su Etty Hillesum*, a cura di Gerrit Van Oord, Apeiron Editori, Sant'Oreste 1990, 160.
26 Wanda Tommasi, *Etty Hillesum. L'intelligenza del cuore*, 100. Il legame tra corpo ed ebraismo è stato precedentemente evidenziato nell'articolo di Giacoma Limentani, "Il linguaggio del corpo", in Aa.Vv., *L'esperienza dell'Altro. Studi su Etty Hillesum*, 141. Sul sentire femminile della Hillesum, si vedano gli articoli: Gemma Beretta, "Etty Hillesum: la forza disarmata dell'autorità", in *La resistenza esistenziale di Etty Hillesum*, *Alfazeta* 60, 48-53; Nadia Neri, "Etty Hillesum: paradigma vivente di femminilità integrale", in *Ibidem*, 38-43; Eadem, "Etty Hillesum: identità femminile e sacrificio", in Aa.Vv., *L'esperienza dell'Altro*, 145-154; Denise de Costa, "Un arancione vivace e un rosso scuro. Come una tesi di dottorato olandese su Etty Hillesum fu colorata dalla filosofia francese", in Aa.Vv., *Etty Hillesum. Studi sulla vita e sull'opera*, a cura di Gerrit Van Oord, Apeiron Editori, Sant'Oreste 2012, 24-34; Eadem, "Etty Hillesum:

dice della storia della donne, dalla loro attenzione agli umili gesti quotidiani, fondamentali per il benessere psico-fisico. Una attitudine femminile alla vita che è capacità di leggere se stesse e il mondo in una prospettiva in cui l'attenzione per le grandi questioni va di pari passo alle piccole cose quotidiane. «"Una volta" preferivo cominciare a stomaco vuoto con Dostoevskij o con Hegel e, a tempo perso, quand'ero nervosa, mi capitava anche di rammendare una calza, se proprio non si poteva fare altrimenti. Ora comincio con la calza, nel senso più letterale della parola, e poi pian piano, passando attraverso le altre incombenze quotidiane, salgo verso la cima, dove ritrovo i poeti e i pensatori.»[27] C'è un tratto della spiritualità che la avvicina alla tradizione mistica occidentale: il rapporto intimo e senza mediazioni col divino. Il ritrovare l'Altro nel dialogo con sé al di là di ogni mediazione etica la mette in relazione con pensatori a lei cari come Meister Eckhart e Agostino. Una lettura che ricostruisca la matrice mistica di tale sentire, a quale corrente ebraica o cristiana appartenga, resta tuttavia problematica. Si tratta di un

---

'écriture féminine?'", in Aa.Vv., *Spiritualiy in the Writings of Etty Hillesum*, edited by Klaas A.D. Smelik, Ria van den Brandt and Meins G.S. Coetsier, Brill, Leiden-Boston 2010, 269-278; Laura Boella, *Le imperdonabili. Milena Jesenská, Etty Hillesum, Marina Cvetaeva, Ingeborg Bachmann, Cristina Campo*, Mimesis, Milano 2013, 71-103. La monografia che ricostruisce la figura della Hillesum alla luce dell'identità femminile è la già citata: Denise de Costa, *Anne Frank and Etty Hillesum*. Più datato e con una forte rielaborazione personale è il lavoro di Sylvie Germain che pure privilegia una lettura centrata sull'identità femminile: Sylvie Germain, *Etty Hillesum. Una coscienza ispirata*, traduzione di Maurizio Ferrara, Edizioni Lavoro, Roma 2000.
27 *Diario*, 57. 16 marzo 1941.

approccio destinato a rivelarsi fallimentare nell'incontro con una mistica «atipica»,[28] difficile da incasellare in una corrente prestabilita. Per alcuni tratti vicina al misticismo, come per esempio l'anelito all'unità e lo spazio dell'anima, ma per tanti altri distante. L'assenza della unione divina, il rifiuto dell'ascetismo, l'aderenza costante alla materialità, l'attenzione al mondo, pongono la sua spiritualità su un binario unico e originale.[29] La sfaccettata complessità della vita, l'assenza

---

28 Mi riferisco alla espressione di Francesca Brezzi adoperata nell'articolo "Etty Hillesum, an "atypical" mystic", in: Aa.Vv., *Spiritualiy in the Writings of Etty Hillesum*, 173-190.

29 Fulvio Manara mette in guardia dal rischio di un approccio troppo sistematico volto a incasellare il misticismo della Hillesum in una particolare corrente religiosa. «Chiedersi se Etty Hillesum può essere considerata mistica comporta collocarsi in un punto di vista diverso rispetto a chi cercasse nei suoi testi risonanze di altri testi mistici, cui abbia potuto eventualmente attingere o rifarsi, o che abbia ripreso [...]. Sono due direzioni di indagine distinte e distinguibili. Ed è fin troppo evidente che la prima di queste due posizioni di indagine [...] comporta anzitutto la necessità di chiarirsi in che senso si intende la mistica stessa, ossia avere chiaro a quale nozione di mistica si fa riferimento. Il che porta, dal punto di vista teorico, ad addentrarsi in un vero e proprio ginepraio...», in Fulvio Manara, "Pagine mistiche di Etty Hillesum", in *Con Etty Hillesum. Quaderno di formazione ricerca 1*, Apeiron Editori, Sant'Oreste 2009, 29-30. Lo studioso fa riferimento in particolare a due testi che riportano il pensiero della Hillesum alla tradizione mistica. Il primo è il saggio di Loet Swart, "Etty Hillesum e la tradizione mistica", in Aa.Vv. *L'esperienza dell'Altro*, 169-184. Swart riconduce il misticismo della Hillesum alla tradizione ebraico-cristiana passando per Eckhart, Buber, Levinas. Nella mistica olandese del XIV secolo, in particolare in Jan van Ruusbroec, lo studioso rintraccia il forte legame con il termine «riposare in se stesso» e l'importanza del lavoro come attività

rivolta agli altri. Elemento, quest'ultimo, di solito manchevole nella tradizione mistica *tout court*. L'altro testo è quello di Cristina Dobner, *Etty Hillesum. Pagine mistiche*, Ancora, Milano 2013, che inserisce la Hillesum nella tradizione della mistica cristiana. In linea con la lettura cattolica, si posiziona il testo di Paul Labeau, *Etty Hillesum. Un itinerario spirituale. Amsterdam 1941- Auschwitz 1943*, traduzione di Laura Passerone, Paoline, Milano 2000. Più recentemente, una lettura in chiave cristiano-cattolica è fatta da Fratel MichaelDavide Semeraro, *Etty Hillesum. Umanità radicata in Dio*, Paoline, Milano 2013. Klaas Smelik ricostruisce il rapporto a Dio con un'attenzione alle radici ebraiche: Klaas A. D. Smelik, *Il concetto di Dio in Etty Hillesum*, cit.

Per Manara, il mistico è presente nella Hillesum ma fuori da una precisa corrente religiosa. Citando lo studioso Panikkar, la mistica può essere intesa per Manara come una «"esperienza integrale della Vita, [...] l'esperienza completa tanto del corpo, che si sente vivere con palpiti di piacere o dolore, quanto dell'anima, con le sue intuizioni di verità seppure con i suoi rischi di essere, insieme alla folgorazioni dello spirito che vibra con amore o repulsione. [...] L'esperienza della Vita è l'unione più o meno armonica delle tre coscienze prima che l'intelletto le distingua..."», in Aa.Vv., *Con Etty Hillesum*, 35. Su una linea simile anche la posizione di Francesca Brezzi in "Etty Hillesum, an "atypical" mystic", 174. Wanda Tommasi rifiuta di inserire il sentire della giovane olandese in una corrente mistica e ritiene che «si possa parlare di mistica solo se si intende quest'ultima non come forma estatica di contatto con Dio, ma in un'accezione molto ampia, semplicemente come esperienza del divino. [...] L'esperienza di un incontro con Dio nel profondo di sé, a partire da un dialogo fra sé e sé che diventa, a un certo punto, dialogo con l'Altro da sé», in Wanda Tommasi, *Etty Hillesum. L'intelligenza del cuore*, 97. Netta è la posizione di Sergio Quinzio che nega la matrice mistica rifiutando di inserire la Hillesum nel solco di una tradizione religiosa. Sergio Quinzio, *L'esperienza dell'Altro*, 156. Su una posizione simile Giancarlo Gaeta che legge il rapporto a Dio attraverso la relazione empatica che la giovane istaura con il proprio tempo storico. Giancarlo Gaeta, "Genesi di una tradi un pensiero sistematico rendono sterile l'operazione di incasellamento di un sentire che rimane nei caratteri viventi dell'esistenza e, quindi, intimamente legato al suo tempo. Il rischio è infatti quello di perdere di vista il legame empatico che la giovane stabilisce tra la sua storia e quella del mondo. Un legame che, più di ogni altro, può dirci qualcosa su quel dio maturato dentro in un parallelo amore per l'umano. Un farsi carico dell'uomo, del male fino all'impensabile del prendere su sé il rischio della possibile morte di Dio. Una assenza, quest'ultima, fiutata nella tranquillità di Amsterdam e vissuta di persona fin dal primo viaggio nel Drenthe. La presa d'atto di una deriva dell'essere umano che non chiama alla resa «ma s'indirizza là dove Dio per avventura mi manda ad aiutare come posso – e non a macerarmi nel mio dolore e nella mia rabbia.»[30] La scoperta di un silenzio che è una messa in gioco di se stessi nelle baracche di Westerbork.

*Incinta di Dio*

È il 12 luglio 1942, preghiera della domenica mattina: «Mio Dio, sono tempi tanto angosciosi. Stanotte per la prima volta ero sveglia al buio con gli occhi che mi bruciavano, davanti a me passavano immagini su immagini di dolore umano. Ti prometto una cosa, Dio, soltanto una piccola cosa: cercherò

---

sformazione interiore", in *Il privilegio di giudicare*, 41. Una ampia riflessione sul dibattito storiografico riguardante il misticismo e una ricostruzione della presenza dei testi di Meister Eckhart nel diari e nelle lettere si trovano in Ria van den Brandt, *Etty Hillesum. Amicizia, ammirazione, mistica*, 61-122. Un lavoro recente della van den Brandt è accessibile in lingua inglese: Ria van den Brandt, *Etty Hillesum. An Introduction to Her Thought*, Lit Verlag, Berlin 2014.
  30 *Diario*, 697. 7 luglio 1942.

di non appesantire l'oggi con i pesi delle mie preoccupazioni per il domani – ma anche questo richiede una certa esperienza. Ogni giorno ha già la sua parte. Cercherò di aiutarti affinché tu non venga distrutto dentro di me, ma a priori non posso promettere nulla. Una cosa, però, diventa sempre più evidente per me, e cioè che tu non puoi aiutare noi, ma che siamo noi a dover aiutare te, e in questo modo aiutiamo noi stessi. L'unica cosa che possiamo salvare di questi tempi, e anche l'unica che veramente conti, è un piccolo pezzo di te in noi stessi, mio Dio. E forse possiamo anche contribuire a disseppellirti dai cuori devastati di altri uomini. Sì, mio Dio, sembra che tu non possa far molto per modificare le circostanze attuali ma anch'esse fanno parte di questa vita. Io non chiamo in causa la tua responsabilità, più tardi sarai tu a dichiarare responsabili noi. E quasi a ogni battito del mio cuore, cresce la mia certezza: tu non puoi aiutarci, ma tocca a noi aiutare te, difendere fino all'ultimo la tua casa in noi. Esistono persone che all'ultimo momento si preoccupano di mettere in salvo aspirapolveri, forchette e cucchiai d'argento – invece di salvare te, mio Dio. E altre persone, che sono ormai ridotte a semplici ricettacoli di innumerevoli paure e amarezze, vogliono a tutti i costi salvare il proprio corpo. Dicono: non prenderanno proprio me. Dimenticano che non si può essere nelle grinfie di nessuno se si è nelle tue braccia. Comincio a sentirmi un po' più tranquilla, mio Dio, dopo questa conversazione con te. Discorrerò con te molto spesso, d'ora innanzi, e in questo modo ti impedirò di abbandonarmi. Con me vivrai anche tempi magri, mio Dio, tempi scarsamente alimentati dalla mia povera fiducia; ma credimi, io continuerò a lavorare per te e a esserti fedele e non ti caccerò via dal mio territorio.»[31] L'esperienza del male dentro non è sufficiente a dare senso all'insensatezza della morte collettiva. La scoperta di Dio rischia di non reggere l'urto di un negativo che vede il divino impotente rispetto alla efferatezza del reale. La riflessione della Hillesum anticipa prodigiosamente la grande questione del dopo Auschwitz. Lo fa con la naturalezza di un pensiero vivente che intuisce il rischio di doversi confrontare con una nuova impotenza, quella Dio. Dopo i campi di sterminio, c'è la presa d'atto della notte dello spirito in cui niente può salvare. La profezia nietzschiana della morte di Dio si è realizzata.[32] L'impalcatura metafisica ebraico-cristiana si sgretola sotto i colpi di una radicalità che rende incompatibile la fede e l'inaudito del male. «Dove è dunque Dio?», si chiederà Elie Wiesel in *La notte* ricordando l'impiccagione del bambino, il «piccolo angelo infelice», a cui aveva assistito nel lager. «Dov'è? Eccolo: è appeso lì a quella forca...»[33] Dio resta muto e impotente di fronte all'indicibile del negativo. La sua innocenza è defraudata. Gli fa da eco la deriva dell'uomo testimoniata da Primo Levi in *Se questo è un uomo*: «distruggere l'uomo è difficile quasi quanto crearlo: non è stato agevole, non è stato breve, ma ci siete riusciti, tedeschi. Eccoci docili sotto i vostri sguardi: da parte nostra nulla più avete a temere: non atti di rivolta, non parole di

---

31 *Diario*, 713. 12 luglio 1942. Ho scelto di eliminare le lettere maiuscole in riferimento a Dio della traduzione italiana perché non presenti nell'originale. *Het Werk*, 516-517.

32 Friedrich Nietzsche, *La gaia scienza e Idilli a Messina*, traduzione di Ferruccio Masini, Adelphi, Milano 2001, 162.

33 Elie Wiesel, *La notte*, traduzione di Daniel Vogelmann, Giuntina, Firenze 2014, 67.

sfida, neppure uno sguardo giudice.»[34] Con il divino muore l'essere umano, privato dell'ultimo residuo di umanità. Se non è facile sopravvivere al lager lo è ancora meno continuare a vivere dopo. L'onta del sopravvissuto è un marchio a fuoco impresso sulla pelle che, a volte, solo il suicidio può lenire. Come per Levi e Jean Améry. Angosce simili fiaccano la fiducia nell'umanità anche a Westerbork. Dopo avere assistito alla deportazione degli internati del campo verso la Polonia, la Hillesum scrive in una lettera del 24 agosto 1943: «Se penso alle facce della scorta armata in uniforme verde, mio Dio, quelle facce! Le ho osservate una per una, dalla mia postazione nascosta dietro una finestra, non mi sono mai spaventata tanto come per quelle facce. Mi sono trovata nei guai con la frase che è il tema fondamentale della mia vita: "E Dio creò l'uomo a sua immagine." Questa frase ha vissuto con me una mattina difficile.»[35] Alla sua testimonianza manca il dopo Auschwitz che non fece in tempo a vivere ed elaborare. Molto ci rimane invece della intensa esperienza nel Drenthe. La vita nelle baracche non è quella del lager e l'assenza di una maturazione del lutto, necessaria a un trauma così radicale, ne rende parziale la testimonianza. Tutto questo non attutisce quella che resta una prodigiosa intuizione del proprio tempo. Una illuminazione del pensiero che trova il senso nella scelta di pensare e vivere su di sé le sfide dell'epoca già nel pieno della catastrofe. La forza della sua testimonianza è nei caratteri viventi della esistenza. La responsabilità dell'impotenza di Dio è il rischio di un pensiero vissuto sulla

---

34 Primo Levi, *Se questo è un uomo. La tregua* (Einaudi tascabili, 2), Einaudi, Torino 1999, 133.
35 *Lettere*, 134.

propria pelle. Un lasciarsi attraversare dalla fragilità dell'Altro quale unico modo per sottrarlo alla sua morte. Una estrema possibilità per dare senso al silenzio nei confronti di un negativo che è esclusiva responsabilità dell'uomo. L'ultima occasione per salvare l'umano. «Dio non è responsabile verso di noi; siamo noi a esserlo verso di lui.»[36] Il ripensare Dio è assumersi il compito di rimetterlo al mondo là dove è assente. Portalo dove non c'è, disseppellirlo nel cuore di una umanità abbrutita e dolente per testimoniarne ancora l'esistenza. Spogliato dei residui metafisici, l'eterno è nudo nella fragilità della creatura, in balia del suo divenire. È un divino figlio della contingenza del mondo che la donna sceglie di portare dentro di sé, di cui simbolicamente vuole esserne incinta.[37] In una lettera all'amica Maria Tuinzing del 2 settembre 1943: «Noi stessi non ce ne rendiamo veramente conto: siamo stati marchiati dal dolore, per sempre. Eppure la vita è meravigliosamente buona nella sua inesplicabile profondità, Maria – devo ritornare sempre su questo punto. Se solo facciamo in modo che, malgrado tutto, Dio sia al sicuro nelle nostre

---

36 *Diario*, 667. 29 luglio 1942.
37 Denise de Costa, *Anne Frank and Etty Hillesum*, 234. Luisa Muraro inserisce il rapporto materno che la Hillesum ha con Dio nel solco di un sentire religioso tutto femminile in cui centrale è l'idea di essere incinte di Dio. Una «teologia materna che si forma e riforma intorno a un avvenimento toccante e misterioso, quello di una donna che resta incinta di Dio e lo mette al mondo.» Nell'accogliere Dio dentro di sé si esplicita il tema della «contingenza di Dio», di un divino riportato nella creatura e ritrovato «nel punto tangente tra questo mondo e il suo di più, il suo meglio, il suo mancante». Luisa Muraro, *Il dio delle donne*, Il Margine, Trento 2012, 157, 164.

mani.»[38] La maternità rifiutata sul piano reale ritorna simbolicamente in questo materno farsi carico del divino. Un prendersi cura dell'Altro che passa attraverso l'amore per l'umano. In questo farsi grembo di Dio e dell'umanità emerge il tratto femminile del prendere parte alla storia. L'originaria verticalità della relazione creatore-creatura è spezzata dalla circolarità del rapporto madre-figlio che mette in scacco l'antico primato di potere. L'Altro che mi fonda è nelle mie mani, perché è nella cura che saprò averne che si gioca la sua e la mia esistenza. Io dipendo dall'altro e l'altro da me in una reciprocità che salta ogni schema o categoria prestabiliti. È questa certezza a sostenerla nel Drenthe tracciando una continuità con la scoperta maturata al sicuro della sua cameretta. In una lettera datata il 3 luglio 1943: «La miseria che c'è qui è veramente terribile – eppure, la sera tardi, quando il giorno si è inabissato dietro di noi, mi capita spesso di camminare di buon passo lungo il filo spinato, e allora dal mio cuore si innalza sempre una voce – non ci posso far niente, è così, è di una forza elementare –, e questa voce dice: la vita è una cosa splendida e grande, più tardi dovremo costruire un mondo completamente nuovo. A ogni nuovo crimine o orrore dovremo opporre un frammento di amore e di bontà che bisognerà conquistare in noi stessi. Possiamo soffrire ma non dobbiamo soccombere.»[39] Nelle baracche dove la vita è impossibile, il dio dentro di sé non è fuga dal mondo, ma lucida e insieme più grande adesione al reale. «Se qui tu non hai una grande forza interiore, se non guardi alle apparenze come a contingenze pittoresche che non intaccano il grande

38 *Lettere*, 153.
39 *Lettere*, 97.

splendore (non mi viene in mente un'altra parola) che può essere una parte inalienabile della tua anima – allora è proprio una situazione disperata. È così, così triste vedere tutte queste persone inermi, che perdono il loro ultimo asciugamano, che si arrabattano con scatoline, scodelle di cibo, bicchieri, pane muffito e biancheria sporca sopra, sotto e di fianco alle loro brande, che sono infelici perché altre persone sono spesso sgarbate o urlano con loro, ma che a loro volta urlano con gli altri e non se ne rendono conto; bambinetti rimasti soli dopo la deportazione dei loro genitori, e trascurati dalle madri degli altri bambini: già sono in pena per i propri pulcini, che hanno la dissenteria e ogni sorta di malattie grandi e piccole, mentre prima erano sempre stati bene. Dovresti vedere la disperazione apatica e folle di queste povere madri, sedute accanto al giaciglio dei loro figlioletti che piangono e che non riescono a crescere.»[40] Siamo lontani dal divino descritto da Améry e Levi come fuga illusoria dalla vita.[41]

---

40 *Lettere*, 124-125.

41 Levi e Améry evidenziano quanto la fede in una ideologia politica o in una religione giocasse un ruolo importante nell'alleviare le angosce del lager. Essi ne sottolineano però il rischio di un allontanamento dal reale, di una illusoria fuga dal mondo. «Sacerdoti cattolici o riformati, rabbini delle varie ortodossie, sionisti militanti, marxisti ingenui o evoluti, Testimoni di Geova, erano accomunati dalla forza salvifica della loro fede. Il loro universo era più vasto del nostro, più esteso nello spazio e nel tempo, soprattutto più comprensibile: avevano una chiave e un punto d'appoggio, un domani millenario per cui poteva avere un senso sacrificarsi, un luogo in cielo o in terra in cui la giustizia o la misericordia avevano vinto [...]. La loro fame era diversa dalla nostra; era una punizione divina, o un'espiazione o un'offerta votiva, o il frutto della putredine capitalista», in Primo Levi, *I sommersi e i salvati*, 118. «Il loro regno non era nel presente

Una entità fatta propria dei credenti del lager per giustificare l'infelicità di vivere in nome di un paradiso in là da venire. Se l'Altro è nell'invulnerabile della propria carne, la possibilità di sentirsi a casa è ovunque. Ricordando una conversazione con un caro amico del campo, la Hillesum rievoca l'atmosfera del suo sentirsi a casa anche nell'orrore del Drenthe: «Jopie nella brughiera, seduto sotto il gran cielo stellato, mentre parlavamo della nostalgia: io non ho nostalgia, io mi sento a casa. Ho imparato tanto da quel discorso. Si è "a casa". Si è a casa sotto il cielo. Si è a casa dovunque su questa terra, se si porta tutto in noi stessi. Spesso mi sono sentita, e ancora mi sento, come una nave che ha preso a bordo un carico prezioso: le funi vengono recise e ora la nave va, libera di navigare dappertutto. Dobbiamo essere la nostra propria patria. Ci ho messo due sere per potergli confidare questa cosa così intima, la cosa più intima che ci sia. E volevo tanto dirgliela, quasi per fargli un regalo. Sai, sono uscita di notte dalla mia baracca. È stato così bello, sai. E poi mi sono, sì mi sono... oh è stato così bello. E solo la sera seguente sono riuscita a dirglielo: mi sono inginocchiata davanti alla vasta brughiera. Lui è rimasto completamente senza fiato, in silenzio, poi ha detto: Quanto sei bella.»[42] Negli stessi anni l'ebrea filosofa Simone Weil pensa a un dio impotente in un contesto molto diverso, ma contrassegnato dallo stesso amore per il mondo. A cinquant'anni di distanza, il pensatore Hans Jonas ritorna sul

---

bensì nel domani e in un luogo imprecisato [...]. La morsa della realtà dell'orrore era meno forte laddove la realtà da sempre era inserita in uno schema spirituale fisso», in Jean Améry, *Intellettuale a Auschwitz*, presentazione di Claudio Magris e traduzione a cura di Enrico Ganni, Bollati Boringhieri, Torino 2011, 46.

42 *Diario*, 763. 20 settembre 1942.

concetto di impotenza divina per analizzarne la portata filo-
sofico-teologica del dopo Auschwitz. L'inaudito dei campi
della morte segna la fine dell'onnipotenza ebraico-cristiana.
L'unico modo per ammettere il divino è spogliarlo della sua
grandezza, accettarne l'«autoalienazione»,[43] il volontario
ritrarsi dal mondo, quale rinuncia di sé per fare posto alla
libertà dell'uomo. Con la vitale naturalezza di una giovane
che si affaccia alla vita nel pieno della morte, la Hillesum si è
fatta carico della portata vivente di una simile trasformazione. Più che pensarla, ha osato viverla. Il dio maturato dentro
è figlio di una accoglienza senza limiti del dolore del tempo.
Il frutto inedito di un pensiero nuovo capace di sintonizzarsi
empaticamente con la storia fino a spingersi al di là di essa.
Un pensiero in grado di attivare nuovi organi di senso oltre
la ragione, di farsi cuore pensante del proprio tempo.
«Quando avrai concesso al dolore il posto e lo spazio che le
sue nobili origini richiedono, allora sì che potrai dire: la vita
è tanto bella e ricca. Lo è al punto che potresti credere in
Dio.»[44] Più che la conseguenza di una tensione mistica, il
divino nasce qui da una profonda intuizione della drammaticità della propria epoca. L'estrema risposta alla sfida della
disumanizzazione dell'umano lanciata dai nazisti. Una presa
d'atto radicale nata dalla costatazione che in quei campi di
terrore dove il divino è ammutolito c'è ancora un possibile
richiamo all'origine. Se esiste l'Altro, è proprio lì che va cercato. La grandezza dell'umano emerge là dove la si vuole
annientare per mostrare la sua originaria radice infinita. Una

---

43 Hans Jonas, *Il concetto di Dio dopo Auschwitz*, traduzione di
Carlo Angelino, il melangolo, Genova 2000, 33-40.
44 *Diario*, 457. 28 marzo 1942.

infinità che lo scrittore Robert Antelme scopre nella grandezza della specie umana, rivelatasi nel campo di Buchenwald. La scoperta che l'uomo resta uomo nonostante l'abiezione perché il limite della specie è invalicabile. Un essere umano lo si può ammazzare «ma non cambiarlo in qualche cosa d'altro.»[45] La specie è ciò che le SS non possono dividere, una differenza radicale che sfugge alla folle pretesa di separare eletti e non eletti, uomini e bestie, ebrei e «ariani». Per la Hillesum, l'infinito è nella trascendenza di un dio venuto al mondo dalle viscere del male. Un dio bambino in balia dell'umano dalla nuova e incomprensibile lingua sopravvissuto prodigiosamente all'annientamento. Sembra fargli eco il balbettio disarticolato del piccolo Hubinek ascoltato da Levi a Auschwitz, nei giorni che seguono la liberazione in *La tregua*. Il bimbo è il figlio della morte, l'orfano di tre anni storpio e dagli occhi vivissimi nato, molto probabilmente, nel lager. L'essere muto a cui nessuno ha insegnato la parola e la cui morte è certa. Nel campo non può esserci cura. Nessuno ha osato amarlo. «Nella notte tendemmo l'orecchio: era vero, dall'angolo di Hubinek veniva ogni tanto un suono, una parola. Non sempre esattamente la stessa, per verità, ma era certamente una parola articolata; o meglio, parole articolate leggermente diverse, variazioni sperimentali attorno a un tema, a una radice, forse a un nome. [...] No, non era certo un messaggio, non una rivelazione: forse era il suo nome, se pure ne aveva avuto uno in sorte; forse (secondo una delle nostre ipotesi) voleva dire "mangiare", o "pane"; o forse "carne" in boemo, come sosteneva con buoni argomenti uno

---

45 Robert Antelme, *La specie umana*, traduzione di Ginetta Vittorini, Einaudi, Torino 2015, 257.

di noi, che conosceva questa lingua. [...] Hubinek, il senza-nome, il cui minuscolo avambraccio era pure stato segnato col tatuaggio di Auschwitz; Hubinek morì ai primi giorni del marzo 1945, libero ma non redento. Nulla resta di lui: egli testimonia attraverso queste mie parole.»[46]

Rotterdam, dopo il bombardamento del 14 maggio 1940

46 Primo Levi, *Se questo è un uomo. La tregua*, 166-167.

# IV. La parola che fa nascere il mondo

## Vita e scrittura

«Santo cielo, questa scrivania somiglia proprio al mondo nel primo giorno della creazione! A parte gli esotici gigli giapponesi, il geranio, le rose tee appassite, le pigne che sono diventate reliquie, e una ragazza marocchina dallo sguardo animalesco e limpido, ci sono in giro sant'Agostino e la Bibbia e le grammatiche russe e i dizionari e Rilke e innumerevoli piccoli taccuini, una bottiglia di surrogato di limone, carta per scrivere a macchina, carta copiativa, Rilke, cioè ancora una raccolta, e Jung. E tutto questo è solo ciò che si trova in giro al momento, ci sono anche gli ospiti fissi della scrivania, appoggiata contro il muro. E la cosa più straordinaria è che c'è ancora spazio per me e per il mio quaderno»,[1] annota il 21 giugno del 1942 restituendo uno spaccato di quell'universo tutto per sé che la accompagna da qualche anno. La scrivania da cui guardare il grande slargo dietro il Rijksmuseum, la piccola camera adorna di fiori, l'immagine appesa al muro del volto enigmatico della marocchina a cui si rivolge, di tanto in tanto, come a un nume tutelare. Gli scrittori e i poeti dai cui attinge pensieri da trascrivere tra le righe blu dei quaderni. Il mondo parla, con le sue cose, le persone, i libri. Una trama sottile lega l'universo in un dialogo che rimanda a sé, ma è capace di guardare oltre. A tenere insieme se stessi e il mondo è il filo della scrittura, il gomitolo delle parole svolto con religioso silenzio. Ci si alza presto per scrivere, si digiuna, ci

---

1 *Diario*, 640-641. 21 giugno 1942.

si isola dal mondo, anche quando il fragore che c'è fuori è insopportabile. La parola è guscio di noce in cui ritrovarsi, cura al proprio mal di vivere. È «tetto», argine, diga in cui arrestare il magma del proprio caos interiore; è «martello» che modella il blocco di granito grezzo della costipazione spirituale. La parola è «forma» della interiorità: il nome che fa nascere se stessi al mondo. Un legame profondo unisce la ricerca della «forma» interiore con la «forma» di scrittura. Intrapreso come cura di sé, il diario è strumento capace di andare oltre l'inziale scopo terapeutico. La scrittura dipana la matassa aggrovigliata dell'io ma fa di più: tocca nell'intimo, risveglia un desiderio, chiama una antica vocazione. Lo scrivere riporta al nucleo inviolabile di se stessi. «A volte vorrei rifugiarmi, con tutto quel che ho dentro, in un paio di parole. Ma non esistono ancora parole che mi vogliano ospitare. È proprio così. Io sto cercando un tetto che mi ripari ma dovrò costruirmi una casa, pietra su pietra. E così ognuno cerca una casa, un rifugio per sé. E io mi cerco sempre un paio di parole».[2] La necessità di fare chiarezza va di pari passo alla creazione di uno stile, di una cifra narrativa che contenga e insieme sia strumento della scoperta di sé e del mondo. Scrive il 5 agosto 1941: «Devo senza dubbio cominciare lentamente a modellare piccole figure nel grande blocco di granito intonso che mi porto dentro, altrimenti alla lunga ne verrò schiacciata. Se non cerco e scopro la mia forma congeniale, finirò a vagare nel buio e nel caos, è qualcosa di cui anche adesso avverto forte il rischio. E trovare quella "forma" non deve essere un'impresa: una storia breve, o un articolo su un giornale anche se poco prestigioso. In ogni caso, c'è qualcosa in

2 *Diario*, 207. 20 ottobre 1941.

me, qualcosa che desidera essere trascinata fuori da me con tutte le forze, ma non so dire che aspetto avrà, una volta emersa. S. dice: Lei assapora ancora troppo il suo talento, ci sta giocando. Ma si tratta davvero di talento? Mi ha anche detto una volta: ebbene, lei è una scrittrice nata. Ma non importa comunque se è talento o meno, si vedrà a tempo debito se non fuggo di fronte a me stessa».[3] L'incontro con l'«ostetrico della sua anima» ha il merito di averla avvicinata alla sua verità, di averla messa di fonte a una intima possibilità inespressa. La parola cercata è altro dalla fedele trasposizione del reale, non è assoggettata al mondo. Non è nemmeno fuga da esso, orpello estetico per nascondere la fatica di vivere. Lo scrivere è ricerca di una verità nascosta dietro l'apparenza delle cose. È scavo di se stessi e del mondo. La parola è attitudine alla vita e, per questo, attività che coinvolge freneticamente corpo e mente. Una messa in discussione radicale di cui si avverte la serietà e insieme l'impotenza. «Non riesco ancora a scrivere. Voglio scrivere della realtà che si cela dietro le cose, ma questo è ancora fuori dalla mia portata. L'unica cosa che mi interessa davvero è l'atmosfera, si potrebbe dire l'«anima», ma la sostanza continua a sfuggirmi, con il risultato che mi manca un punto d'appoggio. Devi descrivere la realtà concreta, terrena, e illuminarla con le tue parole, con il tuo spirito affinché l'anima che sta dietro alle cose venga evocata. [...] Se riesco a fissare nella mia mente in maniera sempre più salda che voglio scrivere, nient'altro che scrivere, allora devo anche rendermi conto che si sta preparando una vera via crucis per me: a volte la avverto con un

---

3 *Diario*, 128. 5 agosto 1941.

certo timore sin da adesso.»[4] La difficoltà a trovare lo stile va di pari passo alla confusione che aleggia nella esistenza. Caos e forma si rincorrono senza trovarsi. Allora non resta che fermarsi, fare silenzio e ascoltare: «ascoltarsi dentro» per sintonizzarsi, attraverso se stessi, col ritmo segreto del mondo. La qualità dello scrivere è collegata all'esperienza crescente dell'*hineinhorchen*, l'ascolto silenzioso dell'origine coltivato quotidianamente. La scrittura è strumento di meditazione, esercizio di presa di distanza dal reale necessario per coglierne una prospettiva più ampia. Nel contempo, un modo per dire tale esperienza. Scrive il 23 agosto 1941: «Quello che faccio è *hineinhorchen* (mi sembra una parola intraducibile). *Hineinhorchen*, "prestare ascolto" a me stessa, agli altri, al mondo. Ascolto molto intensamente, con tutto il mio essere, e cerco di tendere l'orecchio fin nel cuore delle cose. Sono sempre tesa e piena di attenzione, cerco qualcosa ma non so ancora cosa. Cerco una verità profonda, ma non ho ancora idea di che cosa si mostrerà. Rincorro alla cieca un fine determinato, sento che c'è un fine, ma ignoro dove e come. Anche il mio studio è altrettanto strano. Trascrivo brani dai libri, quasi in maniera istintiva: spesso mi soffermo su una sola frase, una parola, che mi pare di dover conservare per il futuro, così almeno penso in quel momento. Sto lavorando per qualcosa, lavoro in un contesto più ampio che però non è ancora delineato, eppure sento che mi conduce da qualche parte, alla ricerca di una sintesi. A volte, seduta a questa scrivania, mi sento un'avventuriera e talvolta, alla fine della mia giornata, mi sento un paziente contadino che ha di nuovo coltivato un appezzamento infinitamente piccolo del

---

4 *Diario*, 127-128. 5 agosto 1941.

grande campo dello spirito.»[5] La preparazione dello stile è lunga e difficile. C'è bisogno di aiuto per far sì che la forma sia matura. Se le parole stentano a farsi bisogna prenderle in prestito dagli scrittori e dai poeti. Etty Hillesum è avida di letture e legge di continuo. Lo fa al mattino presto come a notte fonda, in bagno, nella sua cameretta, in tram, negli uffici del Consiglio Ebraico e nello stordimento di Westerbork. La sua è fame spasmodica di sapere mossa da una urgenza di comunicazione sempre più forte. Agostino, Meister Eckhart, Dostoevskij, Freud, Jung, Kierkegaard e ancora Michelangelo, Leonardo solo per citare alcuni. L'incontro con Rilke è una folgorazione che illumina la ricerca e dà voce alle parole. Il rapporto che istaura con ciascuno dei suoi interlocutori rimanda alla sua esperienza, è impastato del suo vissuto. Lontano dal piglio analitico e distaccato della studiosa, il rapporto col sapere è partecipazione empatica, compenetrazione spirituale. Lo studio non è mera erudizione, accumulo di conoscenze, ma ricerca di «[...] ciò che sta dietro le cose, per dirla con umili e semplici parole: la ricerca dell'enigma della vita.»[6] Studio, vita e scrittura sono legati dal filo di una ricerca spirituale che nella parola è destinata a trovare la sua forma. Il 24 novembre 1941, la registrazione di una intuizione. È il giorno della prima presa di distanza da Spier e dalla chirologia: «*la relazione tra letteratura e vita. In questo campo devo trovare la mia strada.*»[7] In un frammento scritto a matita su un pezzo di carta aggiunge: «[...] l'istinto a rendere la vita più letteraria è molto reale e vero in me. Non si

---

5 *Diario*, 151-152. 23 agosto 1941.
6 *Diario*, 212. 21 ottobre 1941.
7 *Diario*, 241. 25 novembre 1941.

tratta di voler rendere la vita più bella, ma di volerla cristal-
lizzare in una determinata forma, in un'immagine, in una
poesia.»[8]

*Rilke come maestro*

L'incontro con Rilke è di quelli che cambiano la vita. Il poeta
«delicato» e «forte», l'uomo «fragile», abituato a scrivere fra
le mura di castelli ospitali che, probabilmente, sarebbe stato
distrutto dalle attuali circostanze della storia.[9] Da lui «non si
torna indietro» perché «se non lo si porta con sé per tutta la
vita, non ha neanche senso leggerlo.»[10] La relazione è fatta
di una crescente identificazione, di una immedesimazione
giocata sul filo di una crescita spirituale e artistica. «Rainer
Maria», come ama chiamarlo, è il confidente dei lunghi soli-
loqui con se stessa. È lui a farle dono delle parole giuste per
riconoscere l'esperienza creativa fermentata dentro. L'artista
Rilke è l'immagine speculare dell'artista Hillesum o, meglio,
di quello che la giovane donna avrebbe voluto diventare.
«Il mio più grande maestro in questo momento, oltre a S.,
è Rilke»,[11] scrive il 26 giugno 1942. Se Spier è maestro di
vita, lo scrittore è maestro di creazione artistica e di poesia;
è a contatto con la sua opera che la Hillesum fa i conti con
la scrittura come creazione interiore. La ricostruzione della
relazione rappresenta un tassello indispensabile per delineare
l'attività dello scrivere. Per fare questo, è importante sintonizzarsi con il processo di assimilazione e rielaborazione

8 *Diario*, 835. 25 novembre 1941.
9 *Diario*, 796. 12 ottobre 1942.
10 *Diario*, 368-369. 20 febbraio 1942.
11 *Diario*, 655. 26 giugno 1942.

dell'opera rilkiana. Una interiorizzazione intessuta della partecipazione emotiva della donna e dell'artista che si rivela prolifera nel raccontarne l'itinerario creativo e spirituale. La prima citazione del poeta è una poesia d'amore e risale al 24 marzo 1941, a un paio di settimane circa l'inizio del diario. La donna sente il bisogno di ritornare a lui per raccontare l'esperienza spiazzante dell'incontro con l'uomo-Spier. Lo psicochirologo ha gettato la maschera e si è mostrato nella nudità dell'uomo: ha confessato l'attrazione per lei. Non ci sono parole per esprimere il senso di smarrimento ed estraneità, ma anche di irresistibile avvicinamento. «E udì estranea un estraneo che diceva: Iosonoaccantoate»,[12] recita il verso della poesia «Il rapimento». Siamo nella fase della presenza totalizzante di Julius, ma anche delle prime embrionali riflessioni sulla scrittura. La giovane scrittrice sente fremere dentro qualcosa a cui stenta a dare un nome. È una frenesia creativa sconosciuta, a tratti destabilizzante, per certi versi simile all'attrazione per il suo terapeuta. «Sono agitata, di una bizzarra, diabolica irrequietezza che potrebbe anche essere produttiva se sapessi che farmene: è un'irrequietezza "creativa", non fisica – neppure una dozzina di appassionate notti d'amore potrebbe placarla. È quasi una irrequietezza "sacra". Mio Dio, prendimi nella tua grande mano e fammi tuo strumento, fa' che io possa scrivere! [...] Non so come andrà a finire con questo mio "scrivere". Tutto è ancora caotico, non ho abbastanza fiducia in me stessa o, piuttosto,

---

12 *Diario*, 90-91. 24 marzo 1941. [Rainer Maria Rilke, *Nuove Poesie*, in Rainer Maria Rilke, *Poesie*, a cura di Carlo Baioni, 2 voll., Einaudi-Gallimard, Torino 1994, vol. I, 683.]

non sento veramente la necessità di dire qualcosa»,[13] scrive il 4 luglio 1941. La difficoltà a trovare le parole, la confusione verso se stessa, la guerra che impazza fuori, si muovono in parallelo al bisogno di raccoglimento, all'ascolto dentro di cui la parola si fa testimonianza. Il 13 agosto 1941: «Daan è caduto dall'aeroplano. Uno dei tanti giovani pieni di vita, e ricchi di promesse, che muoiono giorno e notte. Non so che cosa pensare. Con tutto il dolore che ho intorno, comincio a vergognarmi di prendere sul serio i miei umori. Eppure devi continuare a prenderti sul serio, devi rimanere il centro, e in qualche modo devi venire a capo dei fatti di questo mondo. [...] Una poesia di Rilke è altrettanto reale e importante di un ragazzo che cade dall'aeroplano, ricordatelo bene. Sono tutte cose che fanno parte di questo mondo e non si può ignorarne una per favorirne un'altra. Va' a dormire.»[14] La risposta al richiamo della guerra è nell'urgenza di rimanere centrati su di sé, nell'ascolto di una origine di cui la poesia è voce. Il verso non allontana dalla vita ma ne rappresenta la possibilità di una comprensione più alta. «Di una cosa sono sempre più certa: il verso di una poesia è altrettanto reale di una tessera per il formaggio o dei geloni. Altrettanto concreto»,[15] ribadisce il 16 dicembre 1941 ed è al poeta che pensa. Ciò che lega a lui è il trovarvi le parole per dire di un'esperienza interiore a cui sente, a un certo punto, il bisogno di dare il nome di «Dio». È Rilke a offrire la parola per dire l'evento, per sottolineare lo scarto irriducibile dell'esperienza dell'Altro dentro di sé. Nel *Libro d'ore*, trovato tra i libri di Spier nel dicembre

---

13 *Diario*, 119. 4 luglio 1941.
14 *Diario*, 145. 13 agosto 1941.
15 *Diario*, 283. 16 dicembre 1941.

1941, la Hillesum riconosce quel dio maturato dentro nel silenzio della preghiera.[16] Il dio del silenzio, della solitudine e dell'oscurità.[17] Il figlio di cui farsi custode, da proteggere nei tempi di distruzione e di smarrimento. Il dio «generato» più che «generante».[18] La lettura del libro giovanile di Rilke, l'unico degli anni della giovinezza mai rinnegato dall'artista,[19] è una illuminazione che segue ovunque: nella sala d'attesa del dentista, nelle prime letture di Amsterdam, come nelle baracche di Westerbork a un passo dalla fine. Nell'incantesimo dei primi incontri, il 19 dicembre 1941 riporta una raccolta di versi tratti dal *Libro d'ore*:[20]

Non sei ancora freddo e non è troppo tardi
per tuffarsi dove la vita serenamente
si svela: negli abissi del tuo divenire.

Ti edifichiamo con mano tremante
atomo su atomo.
Ma chi può compierti,
cattedrale?

16 Fabio Scarsato e Emanuela Miconi riconoscono l'importanza del *Libro d'ore* nel processo di assimilazione del poeta. Fabio Scarsato, *Francesco d'Assisi e Etty Hillesum*, Edizioni Messaggero, Padova 2012; Emanuela Miconi, *Etty Hillesum. La forma perfetta*, Il margine, Genova 2015.
17 Vittorio Mathieu, *Dio nel «Libro d'ore»*, Leo S. Olschki Editore, Firenze 1968, 39.
18 Mathieu, *Dio nel «Libro d'ore»*, 131.
19 Furio Jesi, *Rilke*, «La Nuova Italia», Firenze 1967, 91.
20 *Diario*, 293. 19 dicembre 1941. [Rainer Maria Rilke, *Il libro d'ore*, traduzione italiana di Carlo Levi, in *Poesie*, vol.I, 117, 119].

So che a noi è lecito volerti,
perché Uno una volta ti volle

Anche se non vogliamo: Dio matura.

In una lettera dal Drenthe il 24 agosto 1942 c'è ancora Rilke:[21]

Che farai, Dio, se muoio?
Sono la tua brocca (e se mi spacco?).
Sono la tua acqua (e se mi appesto?).
Io sono la tua veste, il tuo strumento,
senza di me non hai alcun senso.

Il tema rilkiano del «buio di Dio»,[22] inteso come situazione del dio eternamente incompiuto e maturante che gli artisti e i santi hanno il compito di costruire, è in sintonia con ciò che muove dentro. Dio è una cattedrale perennemente costruita e mai compiuta. L'essere umano è il luogo del suo disvelamento silenzioso, il suo custode. Anche se nessuno contribuisse a costruirlo, l'eterno crescerebbe ugualmente senza mai compiersi. Il suo destino è mostrarsi tra le maglie del tempo senza rivelarsi del tutto. Il compito dell'artista è proteggerlo e custodirlo nel pieno di una crisi spirituale che lo scrittore imputava alla sua epoca. Il poeta è il «mediatore» dell'eterno nel tempo.[23] «I politici: coloro che dividono e

---

21 *Lettere*, 184. [Rainer Maria Rilke, *Il libro d'ore*, in *Poesie*, vol. I, 185.]

22 Jesi, *Rilke*, 23.

23 *Ibidem*.

dominano; i poeti: mediatori e servitori»,[24] scrive la giovane il 20 dicembre 1941. Farsi carico di Dio non significa assoggettare l'infinito alla propria immaginazione, fare di Dio un prodotto della fantasia. Il maturare Dio è richiamo originario del poeta a diventare suo strumento. L'artista riesce a cogliere l'invisibile nel visibile quando si fa strumento «cieco e puro»;[25] quando rinuncia alla propria egoistica volontà per fare della interiorità un mezzo di rivelazione del mondo e di Dio. Alcuni versi della poesia «Quasi ogni cosa ad un contatto si tende» sono trascritti l'otto marzo 1942:

Un *solo* spazio compenetra ogni essere:
spazio interiore del mondo. Uccelli taciti
ci attraversano. Oh, io voglio crescere
guardo fuori e *in* me ecco cresce l'albero.[26]

Lo «spazio interiore del mondo» [*Weltinnenraum*] è libertà sottratta alla necessità vincolante della storia, rottura delle catene del tempo che non è fuga da esso, ma possibilità di coglierne la dimensione più grande. Nell'incedere della guerra, il *Weltinnenraum* è per la Hillesum tempo sottratto alla violenza del reale, liberato dall'incalzare di una morte la cui posta in gioco è l'interiorità. Per Rilke, la rottura dei tentacoli del tempo è abbandono del poeta a una legge che attraversa

24 *Diario*, 295. 20 dicembre 1941.
25 Jesi, *Rilke*, 8.
26 *Diario*, 409. 8 marzo 1941. [Rainer Maria Rilke, in *Poesie*, vol. II, 237.] Nella edizione italiana del diario c'è un significativo errore nella trascrizione della poesia rilkiana. Mi riferisco al verso: «Oh, io voglio crescere» che nell'edizione dell'Adelphi è invece tradotto con «Oh, io non voglio crescere».

il mondo e di cui l'artista vuole farne parte. Un lasciarsi andare che la metafora della «caduta» rappresenta, come assoggettamento delle cose al principio di gravità.[27] La poesia «Autunno»[28] tratta da *Il libro delle immagini* è trascritta l'8 marzo 1942:

Le foglie cadono, cadono da lontano
quasi giardini remoti sfiorissero nei cieli;
con un gesto che nega cadono le foglie.
E ogni notte pesante cade la terra
dagli astri nella solitudine.
Tutti cadiamo. Cade questa mano
e così ogni altra mano che tu vedi.
Ma tutte queste cose che cadono, Qualcuno
con dolcezza infinita le tiene nella mano.

Per la Hillesum, l'abbandono è un lasciarsi *essere* nella mano di Dio. Un diventare semplici «come la pioggia che cade e il grano che cresce», «gli uccelli nel cielo e i gigli nel campo»,[29] del Vangelo di Matteo (*Mt*, 6, 34), che non si interrogano sul domani ma sono ora, nella pienezza del loro tempo. L'abbandono è obbedienza, ascolto, *ob-audire* nel profondo di se stessi e delle cose quale condizione per farsi strumento disinteressato della verità. Ancora una volta un *hineinhor-*

---

27 Mathieu, *Dio nel «Libro d'ore»*, 138.
28 *Diario*, 406. 8 marzo 1942. [Rainer Maria Rilke, *Il libro delle immagini*, traduzione italiana di Giacomo Cacciapaglia, in *Poesie*, cit., vol. I, 341.]
29 *Diario*, 771. 24 settembre 1942.

*chen*.[30] La parola poetica deve potere contenere questa verità. Per dare voce all'indicibile, l'artista passa attraverso l'esperienza della «grande morte» descritta nel *Libro d'ore*.[31] Il poeta vive su di sé l'evanescenza del finito; non nega il mondo ma lavora ai lacci del possesso a esso. La «grande morte» è morire a quel modo d'essere dell'umano che tutto domina e inchioda tragicamente alla terra. In questo consiste la vita autentica che l'uomo-Rilke aveva rincorso tutta l'esistenza, nella crescente solitudine di una quotidianità appartata e rotta, negli ultimi anni, solo dalle lettere mandate ad amici e parenti. La «grande morte» è per la giovane donna esperienza di un lento lavoro sul proprio desiderio. Una accoglienza senza riserve dell'Altro cominciata ai tempi dell'amore totalizzante per Spier e proseguita attraverso l'esperienza di devastazione quotidiana portata dalla guerra. Tra il febbraio e l'aprile 1942, le letture rilkiane diventano febbrili. La Hillesum legge continuamente riportando passi di opere che si intersecano con il vissuto. A *Il libro della immagini*, il saggio *Su Rodin*, *Le storie del buon Dio*, *Nuove poesie* alterna la lettura del *Requiem*, *I quaderni di Malte Laurids Brigge*, *Elegie duinesi* e *Poesie 1906-1926*. «Per il momento il mio desiderio si concentra su questo: leggere tutto Rilke, ogni lettera, e assorbirlo in me, per poi espellerlo, dimenticarlo e vivere di nuovo della mia sostanza; capire quando vivo sotto la sua influenza e dove i suoi umori e i miei si

---

30 Vittorio Mathieu fa notare come in tedesco il termine «obbedire» [gehorchen], tra le parole più importanti del *Libro d'ore*, sia legato alla radice del verbo «ascoltare» [horchen]. Trovo sia una osservazione interessante alla luce della centralità che il verbo *hineinhorchen* riveste nel diario. Vittorio Mathieu, *Dio nel «Libro d'ore»*, 138.

31 Mathieu, *Dio nel «Libro d'ore»*, 183.

incontrano; del resto, non è una questione di influenza. È quasi una febbre: ho la sensazione di essere sempre affamata della sua voce, che non mi basta, prima che si sia integrata in me ogni parola che lui abbia mai pronunciato. E poi dimenticare di nuovo. E vivere di nuovo della propria sostanza».[32] A rapire l'attenzione è l'epistolario, in particolare le *Lettere al giovane poeta* di cui scrive per la prima volta il 16 febbraio 1942 e su cui ritorna a più riprese. Il tema è il lavoro e la vita d'artista: «Sono di nuovo impegnata a trovare la strada verso me stessa con queste parole di Rainer Maria: "*Tutto* è portare a termine e poi generare. Lasciar compiersi ogni impressione e ogni germe d'un sentimento dentro di sé, nel buio, nell'indicibile, nell'inconscio irraggiungibile alla propria ragione, e attendere con profonda umiltà e pazienza l'ora del parto di una nuova chiarezza: questo solo si chiama vivere da artista: nel comprendere come nel creare".»[33] La parola è esercizio quotidiano da svolgere con umiltà, silenzio e dedizione. La scrittura toglie il superfluo, riporta il mondo all'essenziale. Lavoro di scalpello verso l'origine che è ascesi, esercizio di ripulitura attraversato dalla fatica di sé, dallo sgravarsi dalle maglie del desiderio. Nelle diario di quei mesi annota: «Non dovresti allontanare la materia, ma cercare di guardarvi attraverso, di illuminarla con la tua comprensione in modo che diventi trasparente e ne emerga la realtà che vi si nasconde dietro. Non scacciare le cose visibili, altrimenti finisci in un vuoto, piuttosto illuminale. E devi fare lo stesso anche quan-

---

32 *Diario*, 497. 22 aprile 1942.

33 *Diario*, 363. 16 febbraio 1942. [Rainer Maria Rilke, *Lettere a un giovane poeta*, traduzione di Leone Traverso, Adelphi, Milano 2012, 25.]

do vuoi scrivere. Non trovi da nessuna parte un appiglio alle cose concrete della realtà quotidiana, le oltrepassi perché stai cercando un'altra realtà.»[34] A partire dal marzo 1942, i quaderni riportano passi di alcune lettere del poeta indirizzate alla moglie Clara e alla amata Lou Andreas Salomé. Le missive sono una riflessione sulla vita e l'opera di Rodin e Cezanne.[35] «D'un tratto mi sono ritrovata di nuovo dietro alla mia scrivania, mentre mi capitavano sott'occhio casualmente queste lettere di Rilke: "[...] è evidente che devo seguire lui, Rodin: non nel trasformare in sculture la mie creazioni, ma nell'ordinamento interno del processo artistico; non a creare devo imparare da lui, bensì *il profondo raccoglimento per riuscire a creare*. Devo imparare a lavorare, lavorare, Lou, è questo che mi manca tanto! *Il faut toujours travailler – toujours* – mi disse una volta quando gli parlai degli abissi paurosi che si spalancano tra i miei giorni buoni."»[36] Rodin il vecchio scultore solitario consacrato all'arte, conosciuto personalmente da Rilke negli anni dell'esistenza parigina. Il pittore Cézanne che negli «ultimi trent'anni di vita non fece che lavorare»;[37] in una lettera poco prima di morire ribadisce: «*Je continue donc mes études*», «*Je me suis juré de mourir en*

34 *Diario*, 266. 8 dicembre 1941.

35 Mi riferisco in particolare alle lettere di Rilke a Lou Andreas Salomé dell'8 e 10 agosto 1903 e alle lettere del 9 e 21 ottobre del 1907 indirizzate a Clara Rilke. Rainer Maria Rilke, Lou Andreas Salomé, *Epistolario 1897-1926*, a cura di Ernst Pfeiffer, La Tartaruga edizioni, Milano 2002, 65-70; 72-75; Rainer Maria Rilke, *Lettere su Cézanne*, a cura di Giorgio Zampa, Abscondita, Milano 2011, 30-34; 54-57.

36 *Diario*, 459. 29 marzo 1942.

37 Rilke, *Lettere su Cézanne*, 30

*peignat*».[38] Per arrivare a fare le cose, siano esse di natura plastica o scritta, l'artista deve trovare la «cellula» della sua arte. Rilke scrive nella lettera del 10 agosto 1903: «Ho bisogno di trovare lo strumento della mia arte, il martello, il mio martello, che diventi padrone e si innalzi al di sopra dei rumori. E sotto quest'arte deve esserci un mestiere, un lavoro fedele, quotidiano, che tutto utilizzi, deve pur essere possibile anche per me.»[39] Il martello dell'artista è la penna dell'aspirante scrittrice: «Dovrei impugnare questa sottile penna stilografica come se fosse un martello e le mie parole dovrebbero essere come tante martellate, per raccontare il nostro destino e un pezzo di storia com'è ora e non è mai stata in passato.»[40] Il poeta può dire del vero perché ne ha fatto esperienza. La verità deve diventare «carne e sangue» affinché la parola ne sia depositaria. Sulla scia del maestro, per Etty Hillesum arte e vita si tengono. Prima che cifra stilistica, la poesia è attitudine al mondo, tensione esistenziale verso la verità.[41] Senza l'esperienza dell'origine non c'è né vita né parola d'artista. La forma poetica è destinata a concretarsi nella ricerca di uno stile che è, prima di tutto, un modo di essere al mondo coltivato nel guscio di noce di Amsterdam e messo in atto nella miseria del Drenthe. «A volte mi doman-

---

38 *Ibidem*, 56.

39 Rilke - Salomé, *Epistolario 1897-1926*, 73-74.

40 *Diario*, 706. 10 luglio 1942.

41 In riferimento a Rilke, Jesi commenta: «Vocazione poetica e situazione esistenziale sono assolutamente congiunte, e, unite, danno luogo al rituale dell'operare artistico», in Furio Jesi, *Rilke*, 28. Lo studioso approfondisce l'opera del poeta nel saggio: Furio Jesi, *Esoterismo e linguaggio mitologico. Studi su Rainer Maria Rilke*, Quodlibet, Macerata 2002.

do se io non viva troppo intensamente: io vivo, godo e consumo la vita al punto che non ne rimane più niente. Forse è necessario che un qualche resto rimanga, perché si produca la tensione che induce a creare?»[42] Il poeta può dire l'origine quando ha sperimentato quel *resto* dal godimento immediato della vita che la giovane riconosce nella parola «Dio». La scoperta di un desiderio infinito che nessun oggetto può contenere. L'inedito di un cammino che ha richiesto pazienza, lavoro da artigiano sui vincoli dell'egoismo. Citando a più riprese le *Lettere al giovane poeta*, l'attenzione ricade proprio sul concetto di pazienza: «"Qui non si misura il tempo, qui non vale alcun termine e dieci anni son nulla. Essere artisti vuol dire: non calcolare e contare; maturare come l'albero, che non incalza i suoi succhi e sta sereno nelle tempeste di primavera senz'apprensione che l'estate possa non venire. Ché l'estate viene. Ma viene solo ai pazienti, che attendono e stanno come se l'eternità giacesse avanti a loro, tanto sono tranquilli e vasti e sgombri d'ogni ansia. Io l'imparo ogni giorno, l'imparo tra dolori, cui sono riconoscente: *pazienza è tutto!*"»[43] La parola cercata deve farsi depositaria della fatica di questo vivere. «Vorrei che ogni singola parola che mi ritrovo a scrivere fosse una nascita.»[44] La creazione artistica è gestazione lenta e silenziosa destinata a tradursi in rimessa al mondo del mondo. La maternità rifiutata sul piano fisico trova nel processo creativo una potente forma di realizzazione simbolica. Lo scrivere diventa parte integrante del proces-

---

42 *Diario*, 760-761. 20 settembre 1942.
43 *Diario*, 363. 16 febbraio 1942. [Rainer Maria Rilke, *Lettere a un giovane poeta*, 25-26.]
44 *Diario*, 503. 22 aprile 1942.

so di soggettivazione. Riporta il 13 aprile 1942: «Negli ultimi giorni, è stato proprio così: al mattino mi sentivo bene solo quando leggevo la Bibbia, oppure Rilke, e in compagnia di queste righine. In quei giorni avevo la sensazione che, a un certo punto, mi sarei svegliata nel cuore della notte e avrei scritto un libro. Ma anche la sensazione di essere incinta, incinta spiritualmente, e avrei desiderato mettere al mondo qualcosa.»[45] C'è un legame crescente tra maternità e scrittura come messa al mondo di sé. Una relazione simbolica che compare fin dai tempi dell'aborto. La scrittura è un dare alla luce simile, per certi versi, all'esperienza di quel parto non portato a compimento. A suo modo, un tentativo di spostamento ed elaborazione del dolore. Il 3 dicembre 1941, a ridosso della interruzione della gravidanza, scrive: «non ho mai scritto un cattivo libro, e non ho il rimorso di avere aggiunto un altro infelice a quelli che già vivono su questa terra.»[46] Nelle care *Lettere al giovane poeta*, è Rilke a trovare le parole quando scrive che la maternità non è solo nella «vergine» che «non ha ancora compiuto nulla», nella madre in cui è «in servizio» o nella «vecchia» in cui è mutata in «grande ricordo».[47] La maternità appartiene all'essere umano e al poeta: «anche nell'uomo è maternità, mi sembra, fisica e spirituale; il creare è anche una maniera di generare e parto è quando crea dalla più intima abbondanza».[48] L'incedere della storia incalza con la consapevolezza crescente della necessità della scrittura e di una forma propria che possa dirne la veri-

---

45 *Diario*, 488. 13 aprile 1942.
46 *Diario*, 254. 3 dicembre 1941.
47 Rilke, *Lettere a un giovane poeta*, 33.
48 *Ibidem*.

tà. Il processo di gestazione non può essere abortito. Rilke ha prestato le parole quando non ne venivano e ora immagini cominciano a vedere la luce. È tempo di andare oltre il maestro, di proseguire per la propria strada come è avvenuto con Spier. Dalla primavera-estate del 1942, lo stile narrativo si rivela molto più consapevole dei timidi abbozzi degli inizi. Al bisogno di una protesi letteraria, che i continui rimandi al poeta rendevano evidente, segue l'arrischiarsi in prima persona nel mare aperto della pagina bianca. La gestazione creativa scioglie l'antica costipazione e porta a una lucida consapevolezza di sé. È tempo del parto di una nuova vita, tempo di scrivere. Annota il 26 maggio 1942: «Tornando a casa nella notte tiepida, così pigra e leggera dopo il Chianti bianco, ho ritrovato improvvisamente quella certezza che ora, con un portapenne in mano, è di nuovo sparita: un giorno scriverò. Le lunghe notti che passerò seduta a scrivere saranno le mie notti migliori. E allora verrà fuori tutto quel che accumulo dentro, scorrerà pian piano come una corrente senza fine.»[49]

## Bozze d'artista

«Non ho probabilmente il talento per scrivere; ho solo il talento, se così lo si può chiamare, di fare esperienza di tutto quello che in questa nostra vita umana è possibile vivere e sentire e subire, e non solo a mio modo, ma anche come molti altri. I vizi più grandi non mi sono sconosciuti, ma conosco anche la più grande fiducia in Dio e lo spirito di sacrificio e l'amore per l'umanità. E faccio esperienza di tutto, corpo e anima, attraverso il sangue e l'oscurità, in ogni angolo del mio essere. [...] Un giorno troverò certamente le mie parole,

49 *Diario*, 554. 26 maggio 1942.

o, meglio, le mie parole forse un giorno troveranno me; la mia esperienza un giorno incontrerà le parole che la libereranno. Non riesco a scrivere, ma riesco di certo a vivere»,[50] scrive la sera del 19 giugno del 1942. La difficoltà dello scrittore è rendere in parole la vita senza tradirla. La parola poetica cristallizza in immagini i caratteri viventi dell'esistenza a patto di un possibile tradimento, di una sottrazione dell'immediatezza. Dire la vita è già essere oltre essa. Tra forma e esistenza si staglia uno iato di cui l'artista è destinato a fare esperienza. Il diario è laboratorio di scrittura, abbozzo di pensiero alla ricerca della forma che contenga la vita senza violarne il mistero. Si può dire l'indicibile solo attraverso un passo indietro, una rinuncia al godimento immediato del mondo. La parola cercata restituisce l'enigma a patto di un uno scarto non rimandabile al possesso delle cose e che apre il varco di una realtà più ampia. «Continuo a godere troppo delle persone e delle cose. Forse dovrei già provare a catturarle in una forma fissa, con lacrime e sangue, come si dice. E ovviamente ho ancora paura del grande iato tra ciò che ho visto e vissuto e ciò che viene formato»,[51] annota il 1° aprile del 1942. Lo scarto che apre alla scrittura un nuovo orizzonte Etty Hillesum lo trova nell'esperienza del silenzio dentro di sé. Nell'ascolto c'è l'incontro con una alterità non riconducibile alla apparenza del reale. Un rimando alla originaria infinità del desiderio. Il 5 giugno 1942, la registrazione di una illuminazione: «Oggi pomeriggio ho guardato alcune stampe giapponesi con Glassner. Mi sono resa conto che è così che voglio scrivere: con tanto spazio intorno a poche parole.

---

50 *Diario*, 635-636. 19 giugno 1942.
51 *Diario*, 470-471. 1° aprile 1942.

Odio troppe parole, mi danno fastidio. Vorrei scrivere parole che siano organicamente inserite in un gran silenzio, e non parole che esistono solo per coprirlo e disperderlo: dovrebbero accentuarlo, piuttosto. Come in quell'illustrazione con un ramo fiorito nell'angolo in basso: poche, tenere pennellate – ma che resa dei minimi dettagli – e il grande spazio tutt'intorno, non un vuoto, ma uno spazio che si potrebbe piuttosto definire ricco d'anima. Io detesto gli accumuli di parole. In fondo, ce ne vogliono così poche per dir quelle quattro cose che veramente contano nella vita. Se mai scriverò – e chissà poi che cosa? – mi piacerebbe dipinger poche parole su uno sfondo muto. E sarà più difficile rappresentare e dare un'anima a quella quiete e a quel silenzio che trovare le parole stesse, e la cosa più importante sarà stabilire il giusto rapporto tra parole e silenzio – il silenzio in cui succedono più cose che in tutte le parole affastellate insieme. E in ogni novella, o altro che sia, lo sfondo muto dovrà avere un suo colore e un suo contenuto, come capita appunto in quelle stampe giapponesi. Non sarà un silenzio vago e inafferrabile, ma avrà i suoi contorni, i suoi angoli, la sua forma: e dunque le parole dovranno servire soltanto a dare al silenzio la sua forma e i suoi contorni, e ciascuna di loro sarà come una piccola pietra miliare, o come un piccolo rilievo, lungo strade piane e senza fine o ai margini di vaste pianure.»[52] L'immagine della stampa giapponese, osservata insieme all'amico pianista Evaristos Edgar Glassner, riporta a quel «rapporto» tra «parole e silenzio» che è per lei la scrittura. La parola non copre il silenzio ma gli dà forma, non rivela l'indicibile ma rimanda a esso. Essa è il puntello che ferma in una immagine

52 *Diario*, 579-580. 5 giugno 1942.

il flusso silenzioso da cui matura, senza arrestarne il corso. La sua natura è fatta di silenzio. Il compito dello scrittore è trovare l'equilibrio tra dicibile e indicibile, realtà e mistero. Più che dire, la parola poetica *evoca*, chiama fuori l'essenza delle cose. Il suo senso è diventare «trasparente»[53] perché «vi si scorga dietro l'anima» del mondo. La scrittura restituisce la verità del reale rivelando un profondo legame con esso. Per la Hillesum, l'amore per il mondo non è una intenzione sentimentale ma «pratica di scrittura»,[54] nota Chiara Zamboni, che porta le cose al loro essere. La ricerca della metafora è il modo per dire il non detto senza passarne per il tradimento. La figura retorica spegne in una immagine la verbosità del pensiero e attraverso il simbolo rimanda ad altro. Il tronco snello dell'albero appena potato a cui si rivolge dalla finestra, come a un amico, diventa «magro corpo da asceta»[55] o «pugnale» che svetta nel cielo limpido per fenderlo. La cupa disperazione, un cane furioso che dilania il cuore: «Mi sembra che un cane rabbioso abbia azzannato il mio cuore con i suoi canini taglienti, e morda e strappi e tiri e scrolli, e non voglia più mollare la preda.»[56] L'immagine metaforica condensa la propria esperienza ma, nel traslarla in altro, ne restituisce una universalità capace di parlare ben oltre l'accadimento personale. La propria storia è la storia del mondo. La scioccante esperienza individuale della vista di una Rotterdam devastata dai bombardamenti si condensa in una immagine

53 *Diario*, 266. 8 dicembre 1941.
54 Chiara Zamboni, "Etty Hillesum. Quello che resta della vita", in *Via Dogana*, n. 48, febbraio 2000, 12.
55 *Diario*, 474. 3 aprile 1942.
56 *Diario*, 551. 24 maggio 1942.

universale, capace di parlare di vita e di morte al di là di ogni contingenza. «È stato solo lo scorso venerdì, con quella chiesa che si stagliava solitaria e commovente al centro di un bizzarro paesaggio di guerra? E quel ponte, intatto nella città maltrattata, come un diamante sul petto di una mendicante?»[57] La Hillesum restituisce la visione di una città rasa al suolo in cui sono miracolosamente scampati due costruzioni dalla forte carica simbolica: una chiesa e un ponte. Il loro sussistere in mezzo alle macerie è resistenza «commovente», squarcio di luce nella notte il cui contrasto ne rivela la potenza, come «un diamante sul petto di un mendicante». La bellezza delle cose è rimando a una origine, collegamento a un altrove che il contrasto con la finitezza del mondo rende visibile. L'artista coglie questa verità quando impara ad amare senza trattenere. La bellezza è dolorosa esperienza di distacco dal reale che non è fuga da esso, ma comprensione di una verità più grande che lo attraversa. «Ripensando a una piccola passeggiata intorno all'IJsclub qualche sera fa. Era il crepuscolo: tenere sfumature nel cielo, misteriose sagome delle case, gli alberi vivi con il trasparente intreccio dei loro rami, in una parola: incantevole. Mi ricordo benissimo di come "sentivo" una volta. Trovavo tutto talmente bello che mi faceva male al cuore. Allora la bellezza mi faceva soffrire e non sapevo che farmene di quel dolore. Sentivo il bisogno di scrivere o di far poesie, ma le parole non mi volevano mai venire. E mi sentivo terribilmente infelice. In fondo io mi ubriacavo di un paesaggio simile, e poi mi ritrovavo del tutto esaurita. Mi costava un'enorme quantità di energie. Ora chiamerei questo comportamento "onanismo". Ma quella sera, solo pochi

---

57 *Diario*, 418. 16 marzo 1942

giorni fa, ho reagito diversamente. Ho accettato con gioia la bellezza di questo mondo di Dio, malgrado tutto. Ho goduto altrettanto intensamente di quel paesaggio tacito e misterioso nel crepuscolo, ma in modo, per così dire, "oggettivo". Non volevo più "possederlo".»[58] Il finito è insieme eterno e marcescente, la sua luce è nelle pieghe di questa verità. La bellissima metafora del gelsomino ci restituisce il tremendo e il meraviglioso del libro della vita. Ancora una volta, l'immagine fa della contingenza storica l'occasione di rimando a una verità capace di parlare a tutti, al di là del tempo e dello spazio. Annota alle quattro e un quarto del pomeriggio del 1° luglio 1942: «Il sole illumina questa veranda e un vento lieve accarezza il gelsomino. Vedi dunque, un altro giorno è appena cominciato per me – quanti ne sono trascorsi da stamattina alle 7? Indugio ancora 10 minuti nell'osservare il gelsomino e poi, sulla bicicletta che non ci è stata requisita, vado dal mio amico, che è presente nella mia vita da 16 mesi e mi sembra di conoscere da 1000 anni – anche se a volte mi appare in una luce così nuova e meravigliosa da togliermi il respiro. Sì, il gelsomino. Come è possibile, mio Dio, se ne sta là stretto tra le mura dei vicini e il garage, e vede davanti a sé il tetto piatto, scuro e fangoso del garage. In mezzo a quel grigio, spento color di melma è così radioso, così incontaminato, così esuberante e così delicato come una giovane sposa temeraria che si sia persa nei bassifondi. Qualcosa di assolutamente incomprensibile. Del resto, non c'è alcuna necessità di capire. Si può benissimo credere nei miracoli, in questo 20° secolo. Questo è un miracolo. E io credo in Dio, anche se tra poco in Polonia i pidocchi mi avranno divorata. È da tempo

---

58 *Diario*, 58. 16 marzo 1941.

che si trova là, ma comincia a farmi restare senza parole solo adesso.»[59] Il candore del fiore, «stretto tra le mura dei vicini e il garage», si staglia libero sul «grigio, spento color di melma» del paesaggio intorno. Il permanere indisturbato della sua bellezza sembra un miracolo, come quello di una «esuberante», «delicata», «incontaminata» e «radiosa» «giovane sposa» che se ne va «temeraria» nei «bassifondi» alla ricerca della strada smarrita. Che ci fa un fiore così bello nel mezzo del dolore e della morte? Può la bellezza continuare a crescere nonostante tutto? La purezza del fiore, che il rimando simbolico alla giovane sposa evidenzia, si fa metafora della meraviglia di continuare ad amare la vita e credere in Dio nonostante la «Polonia», «i pidocchi» e la grigia morte che tutto circonda. Simbolo dell'amore divino,[60] il gelsomino bianco è immagine dell'inaudito di credere e amare. «Non è quasi empio continuare a credere così tanto in Dio di questi tempi? E non è frivolo [...] continuare a trovare la vita così

---

59 Nell'edizione italiana, la traduzione del passo risulta amputata della metafora della giovane sposa. Si tratta di una grave manchevolezza che non rende giustizia alla bellezza della immagine. Ho ritenuto opportuno riportare la traduzione di Gerrit Van Oord integrata della parte mancante: Gerrit Van Oord, "Etty Hillesum (Middelburg 1914 – Auschwitz 1943). Scrittura e spiritualità nei diari e nelle lettere", in Aa.Vv., *Harba lori fa! Percorsi di letteratura fiamminga e olandese*, Napoli Edizione Universitaria, Napoli 2012, 560. Sul dibattito riguardante il carattere di frammentarietà della recente traduzione integrale italiana, rimando alla introduzione di Gerrit Van Oord al volume Aa.Vv., *Etty Hillesum. Studi sulla vita e l'opera*, 8-18. Het Werk, 483-484

60 Gerrit Van Oord, "Etty Hillesum (Middelburg 1914 – Auschwitz 1943). Scrittura e spiritualità nei diari e nelle lettere", 559.

bella?»,[61] si chiede il giorno dopo ripensando alla immagine.
Il contrasto del bianco virgineo del gelsomino-sposa con il
grigio color di melma dei bassifondi-Polonia è la cristallizza-
zione del paradosso dell'esistenza. La compresenza di bellezza e sventura. L'esistenza è in questo potente insieme che
l'eccezionalità della guerra mette tragicamente in evidenza.
Scrive sempre in quei giorni: «la vita e la morte, il dolore e la
gioia, le vesciche ai piedi estenuati dal camminare e il gelsomino dietro la casa, le persecuzioni, le innumerevoli atrocità,
tutto, tutto è in me come un unico, potente insieme, e come
tale lo accetto e comincio a capirlo sempre meglio – così, per
me stessa, senza riuscire ancora a spiegarlo agli altri.»[62]
Ancora una volta, la bellezza si mostra come tale a un passo
dalla fine, in prossimità della sua marcescenza, per rivelare
una dimensione più grande in cui c'è posto per tutto: una
misera fine e una fede in Dio. È una visione interiore in grado
di sorreggere quando anche il gelsomino morirà e tutto sem-
brerà perso. «Il gelsomino dietro casa è completamente sciu-
pato dalla pioggia e dalle bufere di questi ultimi giorni, i suoi
fiori bianchi galleggiano qua e là sulle pozzanghere scure e
melmose che si sono formate sul tetto basso del garage. Ma
da qualche parte dentro di me esso continua a fiorire indisturbato, esuberante e tenero come sempre, e spande il suo
profumo tutt'intorno alla tua casa, mio Dio. Vedi come ti
tratto bene. Non ti porto soltanto le mie lacrime e le mie
paure, ma ti porto persino, in questa domenica mattina grigia
e tempestosa, un gelsomino profumato. Ti porterò tutti i fiori
che incontro sul mio cammino, e sono veramente tanti.

---

61 *Diario*, 672. 2 luglio 1942.
62 *Diario*, 675. 3 luglio 1942.

Voglio che tu stia bene con me. E tanto per fare un esempio: se io mi trovassi rinchiusa in una cella stretta e vedessi passare una nuvola davanti alla piccola inferriata, allora ti porterei quella nuvola, mio Dio, sempre che ne abbia ancora la forza»,[63] riporta il 12 luglio del 1942. Il processo di elaborazione della parola è destinato a fare i conti con l'incedere della storia. C'è sempre meno tempo per il raccoglimento interiore. La scelta di prendere parte al male di Westerbork rallenta la ricerca di una forma che era stata il pensiero fisso degli ultimi mesi. Se la poesia non è attitudine al mondo non è nemmeno poesia. Si deve essere capaci di vivere la verità trovata in qualunque circostanza, altrimenti il lavoro spirituale della scrittura è destinato a tradursi in «belle lettere».[64] Quella di Etty Hillesum, è una «religione della parola», sottolinea Frediano Sessi, sorretta da una «concezione etica della scrittura»[65] come produzione di verità. «A Westerbork ho letto un tratto del nostro tempo che non mi sembra privo di significato. Ho amato tanto la vita quand'ero seduta a questa scrivania ed ero circondata dai miei scrittori, dai miei poeti e dai miei fiori. E là, tra le baracche popolate da uomini scac-

---

63 *Diario*, 714-715. 12 luglio 1942.

64 *Diario*, 587. 9 giugno 1942.

65 Secondo l'autore, si tratta di una concezione etica «come quella che perseguono i grandi della scrittura: James, Conrad, Tolstoj, Checov, Kafka. La scrittura come produzione di verità (non di verità assoluta). Etty Hillesum fa come dichiara di fare Conrad, prima di scrivere una parola digiuna, fa penitenza, non dorme la notte, si alza presto la mattina, cerca il silenzio. È la religione della parola», in Frediano Sessi, "L'altro nell'io: Etty Hillesum ed il conflitto dell'essere", intervista cura di Marco Deriu, in *La resistenza esistenziale di Etty Hillesum*, «Alfazeta», 60, 37.

ciati e perseguitati, ho trovato la conferma di questo amore. La vita in quelle baracche piene di correnti d'aria non contrastava affatto con la vita in questa camera protetta e tranquilla. Non sono mai stata tagliata fuori da una vita per così dire "passata", per me esisteva solo una grande, significativa continuità. Come potrò descrivere tutto ciò? E far sentire quanto la vita sia bella e degna di esser vissuta e giusta, sì, proprio giusta? Forse Dio mi concederà quelle poche, semplici parole? Parole che siano anche colorite, appassionate e serie, ma soprattutto semplici? Come posso rappresentarlo con poche, tenere, leggere e robuste pennellate, il piccolo villaggio di baracche tra cielo è brughiera?»,[66] scrive di ritorno dal Drenthe il 22 settembre del 1942. La testimonianza è l'ultima evoluzione di una parola che, posta di fronte all'urgenza degli eventi, non vuole perdere la sua verità. Il linguaggio si tramuta in estremo atto di resistenza. Una trasformazione che la Hillesum non avrebbe né voluto né immaginato, presa com'era dalla crescente aspirazione di scrittrice, ma che la vita le pone davanti. Non c'è tempo per condensare i pensieri nel progetto de "La ragazza che non sapeva inginocchiarsi", il racconto di sé e dell'incontro con Dio più volte annunciato nei quaderni. I saggi su Dostoevskij e Rilke sono rimandati a un futuro incerto. Così come lo studio e le traduzioni della amata lingua russa. Il male incalza insieme alla consapevolezza della fine. Se non c'è più tempo per avere tempo, non resta che ripensare la scrittura e, con essa, se stessi. La gestazione della forma è interrotta da un parto prematuro e inedito. Le riflessioni del diario risalenti al 7 luglio 1942 sono una profetica intuizione sul futuro: «Nella generale rovina delle

---

66 *Diario*, 766-767. 22 settembre 1942.

cose, in tutta la mia stanchezza, sofferenza, e così via, rimane pur sempre la mia gioia, la gioia dell'artista nell'osservare le cose, e nel trasformarle in un'immagine dentro il proprio spirito. Leggerò l'ultima espressione dal viso dei moribondi, con partecipazione, e la conserverò. Soffro con coloro con cui ora parlo tutte le sere, e che la prossima settimana lavoreranno in un luogo minacciato di questa terra, in una fabbrica di munizioni o Dio sa dove, sempre che possano ancora lavorare. Ma io registro in me ogni piccolo gesto, parola, espressione del loro volto, e lo faccio con una concretezza quasi fredda e oggettiva. Ho la disposizione dell'artista e credo che più tardi, quando sentirò la necessità di raccontare tutto, avrò anche abbastanza talento per farlo.»[67] Il bisogno di non rinunciare alla parola trovata prende forma nella necessità di testimoniare fino all'ultimo la verità del tempo. Non resta che scrivere, ovunque e in qualsiasi circostanza. Non più un diario ma lettere da inviare ad amici che raccontino della vita nelle baracche, ma anche della verità dell'artista di fronte a un inquietante spaccato di storia. «In un campo deve pur esserci un poeta, che da poeta viva anche quella vita e la sappia cantare.»[68]

---

67 *Diario*, 669. 1 luglio 1942.
68 *Diario*, 787. 3 ottobre 1942.

# V. Westerbork: l'indicibile e la testimone

*Il Campo*

Del campo di Westerbork oggi rimane ben poco. A imprimersi nella memoria è il vuoto di ciò che resta. La miseria e la devastazione lasciano il segno in un'assenza che rende estraniante l'evocazione del passato. Il deserto sabbioso, le dune di lupini violetti di cui parla la Hillesum non ci sono più. Reliquie di vecchie baracche e tanta vegetazione accolgono il passo del visitatore. La casa del comandante, l'uomo più importante del campo, si erge come spettro; l'unica costruzione intatta dopo la catastrofe. Baluardo di un dolore difficile da estirpare. Il binario del treno per l'Est taglia in due il campo fiancheggiando la strada principale, l'antico *Boulevard de Misères*: la via asfaltata percorsa dai deportati per raggiungere il convoglio della morte. Dei più di centomila ebrei che transitano presso il campo, la gran parte è deportata nei campi di Auschwitz-Birkenau e Sobibor, una parte minore a Bergen Belsen, Mauthausen, Buchenwald, Ravensbrück. Pochissimi sopravvivono. Nel corso della guerra, il luogo diventa un «campo di transito» per gli ebrei olandesi e stranieri residenti nel paese occupato. Non è così quando nasce nel 1939, come spazio di accoglienza per gli ebrei tedeschi fuggiti dal nazismo per andare in Israele. «Westerbork non fu infatti una idea tedesca ma olandese», commenta lo storico Jacob Presser.[1] Tra le più impervie del paese, la zona in cui nasce è situata nel Drenthe, nel nord-est dell'Olanda. Allora

---

1 Presser, *The Destruction of the Dutch Jews*, 407.

un paesaggio desolato e inabitato dove l'esistenza è difficile per le correnti d'aria e l'umidità del terreno sabbioso. Nel maggio del 1940, il campo di rifugiati contiene circa 750 persone. Nel luglio 1942, passa sotto il definitivo controllo tedesco per diventare un *Polizeiliches Durchgangslager*, «campo di transito di polizia»:[2] di fatto un luogo di raccolta degli ebrei propedeutico alla «soluzione finale». «Il vero carattere del nuovo regime fu noto ad Amsterdam quando si venne a sapere che i tedeschi avevano messo il filo spinato intorno al campo.»[3] Il primo convoglio diretto ad Auschwitz parte il 15 luglio 1942. I treni per la Polonia ne scandiscono la quotidianità con ritmo regolare fino al 21 settembre 1943, ma rimangono attivi fino all'autunno del 1944. Il 12 aprile 1945, giorno della liberazione, rimangono solo 900 ebrei. Cosa è stato quel pezzo di terra di circa mezzo chilometro quadro «incorniciato da cielo e brughiera»?[4] Le lettere della Hillesum e *In Dépôt*,[5] il diario del giornalista Philip Mechanicus, ne documentano la vita. Per quanto diversi, i racconti ci restituiscono l'eco di orrore di una storia altrimenti dimenticata. Si tratta di registrazioni in presa diretta e, per questo, materiale grezzo che gli autori avrebbero probabilmente ritoccato dopo la guerra in vista della pubblicazione. Westerbork è stato a tutti gli effetti un microcosmo ben organizzato pronto ad acco-

---

2 *Ibidem*, 408.

3 *Ibid.*, 408.

4 *Lettere*, 48.

5 Philip Mechanicus, *In Dépôt. Dagboek uit Westerbork*, Polak & Van Gennep, Amsterdam 1964. Nel mio studio, mi sono avvalsa prevalentemente della traduzione parziale in inglese: Philip Mechanicus, *Waiting for Death. A Diary*, translated from the Dutch by Irene R. Gibbons, Calder and Boyars, London 1968.

gliere la variegata società degli ebrei olandesi. Ortodossi, atei, cattolici, socialisti, ebrei tedeschi o apolidi provengono da tutti gli angoli dei Paesi Bassi: una Babele delle lingue e delle storie. «Sebbene gli edifici del campo siano tutti a un piano solo, vi si sente parlare con una molteplicità di accenti, come se la torre di Babele fosse stata innalzata in mezzo a noi: bavarese e dialetto di Groningen, sassone e dialetto del Limburgo, olandese dell'Aia e olandese della Frisia orientale, tedesco con accento polacco o russo, olandese con accento tedesco e tedesco con accento olandese, gergo di Waterlooplein e parlata berlinese – e faccio presente che si tratta di un'area di poco più di mezzo chilometro quadrato.»[6] Il filo spinato è «una mera questione di punti di vista» perché le differenze oltre che fuori sono dentro il piccolo universo. Imperante vige la classificazione tra ebrei di serie A e di serie B. Su tutti regna l'«aristocrazia del campo»,[7] i cosiddetti «veterani», costituita dagli ebrei tedeschi che c'erano già prima del 1942 e che, con il progressivo insediamento tedesco, finiscono per avere sempre più voce in capitolo. Il conflitto tra tedeschi e olandesi è un tratto crescente. Sono soprattutto i primi a garantire il buon funzionamento della struttura. Sono per la gran parte loro a caricare gli altri ebrei sul treno, a trasportare malati in barella verso i carri bestiame, a circondare le vetture prima della partenza perché nessuno scappi, a catturare i fuggitivi. Fanno parte dell'OD, dell'*Ordedienst*, organizzazione alla sicurezza del campo e ai trasporti degli inter-

6 *Lettere*, 51-52.
7 Presser, *The Destruction of the Dutch Jews*, 449.

nati, per conto del comandante e la sua *Grüne Polizei*,[8] la temuta polizia verde nazista. Sono i collaborazionisti: uomini temuti e chiamati dai deportati le «SS ebraiche».[9] Una «mala-vita» aleggia nella struttura il cui fine è mettere ebrei contro ebrei. Sono tante le «liste» di privilegiati, create *ad hoc* dagli stessi funzionari, il cui fine è di rimandare una partenza in realtà inevitabile. Per i nazisti: uno dei tanti modi per ingrassare le tasche facendo leva sulla disperazione. Per gli ebrei: l'illusione di farcela, preferendo il purgatorio del Drenthe all'inferno di luoghi sconosciuti da cui nessuno ha fatto ritorno. «La definizione di una lista: un elenco di ebrei che un giorno sarà deportato»,[10] commenta ironicamente il giornalista. È la «borsa delle vite umane»,[11] come la definisce Presser nel romanzo *La notte dei girondini* ambientato a Westerbork, che dà il via alla tortura per mezzo della speranza. Primo o poi ogni lista finisce per saltare e si è costretti a partire, magari all'ultimo, con il maledetto treno verso l'ignoto. Quando gli ebrei tedeschi prendono il sopravvento, il tempo della deportazione ha inizio: scandirà in maniera regolare la vita

8 *Ibidem*, 423. C'era inoltre la *Fliegende Kolonne* [Colonna Volante], una piccola divisione il cui compito principale era fornire assistenza portando i bagagli dei deportati fino al treno. La *Grüne Polizei* [Polizia Verde] o *Ordnungspolizei* era un settore dell'apparato della polizia tedesca preposto al mantenimento dell'ordine, ai rastrellamenti e simili; veniva impiegata anche per sorvegliare i convogli dei deportati e per le esecuzioni capitali. La *Grüne Polizei* traeva il suo nome dal colore verde dell'uniforme.

9 Mechanicus, *Waiting for Death*, 26.

10 *Ibidem*, 96.

11 Presser, *La notte dei girondini*, traduzione e prefazione di Primo Levi, Adelphi, Milano 1997, 85.

del campo per più di due anni. La settimana ruota intorno alla partenza del martedì mattina. Gli effetti psicologici sono devastanti. Il venerdì le paure cominciano a prendere forma: è sicuro l'esonero dalla deportazione? Se la lista dovesse saltare? Il sabato c'è nervosismo. La domenica agitazione. Il lunedì il panico si diffonde e la gente corre all'impazzata alla ricerca di informazioni, per fare all'ultimo tutto ciò che può per rimandare la partenza.[12] La notte che precede il martedì è una tregenda in cui si piange, si contratta e si prega. I suicidi sono prassi consolidata. Mechanicus riporta: «Una donna di sessantacinque anni si è suicidata nella mia baracca. La sua domanda per Theresienstadt era stata respinta, perciò ci sarebbe stato il trasporto. Sua figlia aveva detto che voleva accompagnarla volontariamente. Lei voleva salvare sua figlia dal fare quel sacrificio.»[13] È sempre il giornalista a restituirci in una immagine uno squarcio di vita del campo, in cui l'angoscia si mescola alla quotidianità. «Venerdì 30 luglio […]. La scorsa notte feci quattro passi nel campo al buio. La *Boulevard des Misères* (la strada principale del campo) sembrava un passeggio pubblico: ragazze ridacchiavano camminando a braccetto mescolate ad altri passanti più tranquilli, altri bighellonavano agli angoli delle strade. Al centro del campo, una imponente ciminiera si stagliava sul cielo color lilla. Su un lato, gruppi di persone si intrattenevano, sull'altro coppie di amanti scomparivano nel buio, furtivamente come gatti. In uno dei vicoli musica jazz dell'orchestra del cabaret. Suonavano: *Bei mir bist du schön*, una popolare canzone di successo proibita in Germania per il suo tocco Yiddisch.

---

12 Presser, *The Destruction of the Dutch Jews*, 435.
13 Mechanicus, *Waiting for Death*, 155.

L'intera scena assomigliava a quella di un accampamento indiano nell'America Centrale, al centro della prateria, dove la civilizzazione era stata introdotta per la prima volta.»[14] I paria della comunità sono i malati e gli *S-Fäll*, i «casi disciplinari»: gente che a vario titolo si è ribellata alle regole ritrovandosi in quella sorta di «lebbrosario» che è la «baracca di punizione». «Nel reparto maternità c'è un bebè di nove mesi, una bambina. Qualcosa di molto bello e dolce e con gli occhi celesti. È arrivata qui diversi mesi fa come *S-Fäll* (Caso disciplinare), la polizia l'aveva scovata in una clinica. Nessuno sa chi siano, o dove si trovino i suoi genitori. Per ora la tengono nel reparto maternità, le infermiere si sono molto affezionate a quel giocattolino. Ma volevo dire questo: nei primi tempi non si poteva portar fuori la neonata, tutti gli altri bebè stavano all'aria aperta nelle loro carrozzine ma lei doveva rimanere dentro, era pur sempre un "Caso disciplinare"!».[15] Westerbork è una macchina ben oleata nell'ingranaggio di distruzione nazista. C'è un ospedale, con circa 1725 letti, 120 dottori e uno staff di circa 1000 dipendenti. Negozi, caffè, un teatro, un servizio postale, un grande dispensario, una cucina, una piccola prigione e molto altro. Con il comandante tedesco *Oberstrumführer* Albert Konrad Gemmeker, a capo dal luglio del '42 all'aprile del '45, la struttura diventa *Musterlager*,[16] un campo modello. Gemmeker è «un assassino con i guanti gialli»:[17] un omicida senza scrupoli con i

---

14 *Ibidem.*, 106-107.
15 *Lettere*, 132.
16 Presser, *Introduction to the English Language Ediction*, in Mechanicus, *Waiting for Death,* 6.
17 Presser, *The Destruction of the Dutch Jews*, 431.

modi da gentlemen e la passione per l'arte alimentata anche nel campo. È lui a dare lustro al teatro contribuendo a farne un luogo di eventi di risonanza nazionale. Dietro l'efficienza della macchina, c'è la vergogna delle baraccopoli costruite in fretta e furia per accogliere il flusso continuo e crescente di ebrei. Dietro le residenze dei *protégées* a vario titolo rifornite di tutti i comforts, si stende una sorta di affollatissimo dormitorio pubblico pieno di spifferi e correnti d'aria, «dove le cuccette di ferro a tre piani si ammassano sotto un cielo incombente di panni, che centinaia di persone hanno steso ad asciugare.»[18] «Nelle grandi baracche [...] si vive come topi in una fogna.»[19] Si vive e si muore infatti, si mangia, si è malati e si passa la notte insonne per il pianto ininterrotto dei bambini. Il cibo è sempre più scarso, le condizioni igieniche sono precarissime e si muore per la dissenteria provocata dall'acqua infetta. Il paesaggio è umido e acquitrinoso d'inverno, attraversato da continue tempeste di sabbia d'estate che rendono molto frequenti le infezioni agli occhi. «C'è fango, talmente tanto fango che da qualche parte fra le costole si deve proprio possedere un gran sole interiore se non se ne vuol diventare la vittima psicologica (scarpe rotte e piedi bagnati ve li immaginerete da sole).»[20] In estate arriva il flagello delle mosche e l'emergenza sanitaria è allo stremo. La sporcizia è ovunque. «Secondo la testimonianza di Herzberg: i lavatoi erano sporchi, le baracche lugubri e affollate, i dormitori insalubri e rudimentali; i bagni e le latrine disgustose, un affollamento intollerabile... e il campo nella sua totalità

---

18 *Lettere*, 60.
19 *Ibidem*, 96.
20 *Ibid.*, 51.

era orrendo oltre ogni immaginazione... come ogni campo diretto dai tedeschi...».[21] La cattività e le pessime condizioni di vita alimentano il degrado. I furti sono all'ordine del giorno, a partire da quello legalizzato della Lippman, Rosenthal & Company,[22] la banca olandese i cui impiegati di Westerbork hanno di fatto il compito di espropriare di tutti beni i detenuti arrivati al campo. L'assenza di intimità fa retrocedere la vita alla bruta animalità, a una sessualità vissuta senza freni inibitori. «C'è un contatto attivo tra uomini e donne. Ogni mattina quando mi sveglio, l'uomo che riposa davanti a me viene visitato dalla sua giovane moglie e così io devo essere testimone involontario di un intimo *tête a tête*, che di domenica diventa un lungo *tête a tête*. Così vivono le persone qui. Bisogna stare attenti a non farsi contaminare dalla sessualità pubblica che accade in tutti gli angoli. Gli esseri umani sono caduti qui a livello di animali.»[23] Il processo di abbrutimento inizia varcando la soglia del campo, quando gli internati sono sottoposti a umilianti controlli ed espropriati delle cose più care. Westerbork è una «palude morale o anche peggio.»[24] Il campo è «l'inizio del processo di demoralizzazione o depersonalizzazione caratteristico dei campi polacchi del terrore. Una cosa è al di sopra di ogni dubbio: l'erosione della personalità minacciava – e spesso consumava – gli internati, con il risultato di perdita di energia, iniziativa, forza psichica e graduale declino della vitalità alla mera vita vegetativa. Ciò

---

21 Presser, *The Destruction of the Dutch Jews*, 415.

22 *Ibidem*, 433.

23 Mechanicus, *Waiting for Death*, 155. La dissolutezza sessuale è confermata anche da Jacob Presser, *The Destruction of the Dutch Jews*, 439.

24 Presser, *The Destruction of the Dutch Jews*, 450.

non era molto distante da quello che accadeva a Bergen-Belsen. Questo è un elemento che bisogna tenere in considerazione – nonostante il singolare fatto che i treni in partenza da Westerbork sarebbero stati spesso accompagnati dal canto della gente. Ogni cosa, assolutamente ogni cosa, poteva accadere a Westerbork...»[25]

*Scrittura e testimonianza: il rapporto con Mechanicus*

Etty Hillesum e Philip Mechanicus si incontrano al campo nel giugno del 1943. Lei è una giovane di ventinove anni, lui un giornalista affermato di quasi il doppio della sua età. La amicizia copre un arco temporale di soli tre mesi, ma si rivela feconda per gli scambi sulla reciproca attività di scrittura e per la testimonianza esclusiva che *In Dépôt* ci offre sulla vita degli Hillesum.[26] Sono mesi difficili, in cui incalzano le deportazioni e la certezza della fine è palpabile. È un tempo di attesa, ma anche di lucida riflessione su ciò che accade. Nelle lettere, la donna lo cita a più riprese. Nel diario, lui fa riferimento a lei e alla sua famiglia. A unirli è la vita nel filo spinato e il desiderio di raccontare. Agli occhi dell'aspirante scrittrice, l'amico è un giornalista apprezzato col quale condividere l'urgenza di registrare la storia. Il diario che egli tiene fedelmente dal 28 maggio 1943 al 25 febbraio 1944 è mosso dalla necessità di testimoniare. La stessa tensione

---

25 *Ibidem*, 436.

26 Devo un grazie particolare a Gerrit Van Oord e al suo lavoro di individuazione dei testi in cui Mechanicus parla degli Hillesum di cui mi ha generosamente messo a conoscenza. Un lavoro meticoloso e inedito il suo, senza il quale non sarebbe possibile la ricostruzione del loro rapporto. La traduzione dei testi è in gran parte sua.

attraversa la scrittura di lei. Indirizzata agli amici di Amsterdam, la missiva del 26 giugno 1943 riporta il primo, significativo riferimento al loro incontro: «Qui mi capitano molte cose buone. Mechanicus, con cui passeggio spesso sulla stretta e arida striscia di terra tra fosso e filo spinato, mi legge ogni giorno ciò che ha scritto. In questo campo si stringono amicizie che basterebbero per più di una vita.»[27] In un passo del 13 giugno 1943, lui registra: «Fatto una lunga passeggiata lungo il recinto del campo in compagnia di una giovane ragazza intelligente, che è venuta qui per sua volontà. Goduto della vita spaziosa e delle nuvole estive accumulatesi nel cielo blu.»[28] La «giovane ragazza intelligente» è Etty Hillesum, ritornata nel Drenthe il 6 giugno 1943 dopo la lunga convalescenza. Sarebbe stato il rientro definitivo. Il giornalista non cita il nome della nuova amica e del resto non può. La scrittura diaristica è una attività clandestina che, tollerata grazie a un certa protezione di cui l'uomo gode nel campo, rende altamente rischioso il riferimento diretto alle persone. Lontano dall'essere un giornale intimo, *In Dépôt* è un taccuino di viaggio in cui trascrivere fedelmente ciò che accade. Un materiale grezzo da utilizzare per un possibile *reportage* dopo la guerra. Una tecnica non dissimile a quella usata in precedenza per i racconti dei viaggi in Russia, nel 1929, 1931 e 1934, in Palestina nel 1933, come *reporter* del prestigioso quotidiano nazionale *Algemeen Handelsblad*. È il resoconto di quei viaggi a dargli il riscontro del grande pubblico. Nel 1940, il nazismo stronca la sua carriera a capo della redazione estera del giornale. Quando il 7 novembre 1943 arriva al

---

27 *Lettere*, 85-86.
28 Mechanicus, *Waiting for Death*, 47.

campo, Mechanicus è un uomo piegato nel fisico e nella mente. È passato attraverso le torture del campo di concentramento di Amersfoort: è considerato un *S-Fäll*, un «caso disciplinare» per la sua insubordinazione al nazismo. La sua storia personale è diversa da quella della giovane amica. Nato da famiglia ebraica povera, la determinazione ne traccia la lunga e brillante carriera giornalistica. L'aspirazione alla scrittura è fin da giovanissimo, quando inizia a lavorare come fattorino per un giornale socialdemocratico di Amsterdam. L'impegno politico socialista attraversa la sua esperienza di uomo e di giornalista portandolo a ingaggiare una battaglia aperta contro la dittatura. L'amicizia tra i due è fatta di passeggiate lungo il filo spinato, di letture e di scambi intellettuali. L'amore che la Hillesum ha per la Russia è sicuramente un elemento di condivisione. Una passione che trova conferma nel racconto del giornalista di una serata insieme ad altri residenti del campo, a ballare e cantare canzoni russe in una atmosfera simile a quella di «una nave piena di migranti sul Volga». «La sera una passeggiata con una donna giovane e intelligente. Tempo piovoso. […] Sotto la pensilina di una baracca continuiamo ancora a parlare un po'. Una finestra si apre e spunta fuori la testa di un uomo. "Entrate, entrate pure!". Un amico del campo aveva riconosciuto le nostre voci. Entriamo dalla finestra, con il fango ancora sulle nostre scarpe. Di colpo ci troviamo in mezzo ai battezzati. C'è anche una balalaica. Presentazione: "È lei l'uomo del rubinetto dell'acqua calda?" "Sì." "È lei la signorina del Consiglio Ebraico?". "Lei è russa?" "Sì." La mia compagna di passeggio, figlia di una mamma russa, sente bollire il sangue russo, e in russo prorompe: "Goworietje-lie woei paroeskie?".

Sembrano due rondini che cinguettano questi due giovani che chiacchierano in russo. "Senta, le va di suonare una canzone in russo per me?". Una canzone russa con la balalaica. Due, tre, quattro canzoni russe. Tra i letti a castello, carichi dei loro stracci. L'atmosfera è quella di una nave piena di migranti sul Volga. Un altro russo comincia a cantare, con una voce rauca dal fumo. La balalaica lo accompagna. Dopo una canzone ne segue un'altra. Canzoni deliziose, armoniose e infantili, ritmo, velocità. Un cerchio di ascoltatori. C'è una voce da un letto di sopra: un altro russo. Circostanza miracolosa: un campo ebraico, una baracca con degli ebrei battezzati, una colonia russa, una visita da ebrei nati olandesi, fratellanza spontanea. L'uomo con la balalaica alla donna giovane: "Io la conosco da prima. Una volta ad Amsterdam lei ha rivolto la parola a mia figlia mentre camminavamo per strada e io le stavo parlando". Ci siamo salutati con tenerezza. Per fortuna c'è anche dell'altro nel mondo, oltre la guerra, i nazionalsocialisti, i pacchetti postali, la stanchezza. Torniamo alla nostra baracca, ambedue di ottimo umore, sembra che qualcosa di grande sia successo nella nostra vita.»[29] È ancora Mechanicus a restituire tracce preziose di quotidianità della Hillesum e della sua famiglia. Le angosce dovute alla precarietà di vita e all'orrore crescente di una partenza sempre più difficile da procrastinare. Annota la domenica dell'11 luglio 1943: «La settimana scorsa il padre di una mia amica è stato portato nella baracca dei malati. Uomo dotto, sano come un pesce, ma l'assoluto contrario della socievolezza, un solitario. Vive ignorando l'ambiente che lo circonda, non fa altro che leggere – il libro quasi incollato ai suoi deboli occhi. Ben

29 *Ibidem*, 115-117.

accudito per un'intera vita, coccolato, è un inetto completo in questa comunità. La famiglia aveva pensato di poterlo esimere dalla deportazione, lui e gli altri parenti. Cionostante, il fato incombe su di loro: corrono il grosso rischio di dovere fare il grande viaggio martedì. La moglie dice con afflizione: "Io da sola sarei anche capace di affrontare il viaggio, ma insieme a lui non si può proprio. Non saprei come gestirlo". L'uomo, con infantile ottimismo, replica: "Suvvia, andrà meglio del previsto; bisogna pur prenderla come viene". La figlia (che è esonerata dalla deportazione) dice: "È terribile, mio fratello, che ha la possibilità di rimanere qui, vuole andare a tutti i costi con i miei genitori – e lui, peraltro, non è del tutto normale. La tensione è insostenibile. Noi speriamo che martedì il trasporto non abbia luogo; ma poi subentra una settimana di nuova tensione, e forse un'altra ancora, e la fine della storia è che comunque partiranno. Vorrei chiedere soltanto: Signore, falla breve. Le persone giovani possono sopportare questa vita di tensioni, vi possono far fronte, ma gli anziani soccombono. Prima termina la via crucis, meglio è, forse". Ogni giorno la moglie bacia il marito, e la figlia il padre, con tenerezza, sia all'arrivo sia prima di andarsene. Ogni giorno la figlia accarezza con affetto la testa grigia del padre, distende le pieghe del viso rugoso della madre. La sorella segue con apprensione le vicissitudini del fratello. Un esempio commovente di famiglia felice; un esemplare affetto reciproco, una condivisione spirituale, un innato senso aristocratico della vita. Questa famiglia è stata investita dall'uragano dell'antisemitismo, è sul punto di essere dispersa.»[30] È

30 *Lettere*, 220-221. Il testo riportato è quello completo che non compare nell'edizione inglese del diario di Mechanicus ed è riportato

il giornalista a descriverci la madre di lei. Si tratta dell'unico suo ritratto, oltre alla parziale ricostruzione della figlia. Mechanicus riporta un lungo colloquio tenuto con la donna in cui emergono particolari riguardanti i rapporti tra i membri della famiglia, il loro diverso modo di affrontare la possibilità della partenza. I tentativi, spesso disperati, di scampare la deportazione. «Mercoledì 25 agosto 1943. [...] Un incontro per strada. Una donna sessantacinquenne. Volto stanco e segnato. "La posso fermare un momento? Lei sa che il pericolo del trasporto per me e mio marito non è ancora svanito. Potrebbe fare qualcosa per noi, per farci rimanere qui. Se fossi sola non mi sarebbe importato più di tanto di essere trasportata. Ma con mio marito, non me lo posso immaginare. È uno studioso e non capisce niente della vita: letteralmente lo derubano di tutto, ora gli hanno pure preso le scarpe, e non si lava, perché non è capace. Mai nella mia vita ho pensato di suicidarmi, ma ultimamente mi passa per la testa. Mi è un peso. Noi siamo esonerati dalla deportazione perché presenti sulla lista genitori,[31] ma temo che salterà, che, come molte altre liste, non tenga. Abbiamo sperato nei nostri documenti per la Palestina, ma si sono dimostrati senza alcun valore. Lei sa che io sono russa. Quando mi sono sposata ho dichiarato di essere ebrea e così è scritto nel libretto di famiglia, ma non è per niente certo che sia ebrea. Non sono iscrit-

---

nell'edizione critica italiana delle lettere della Hillesum. Vedi l'edizione integrale: Philip Mechanicus, *In Dépôt. Dagboek uit Westerbork*, Polak & Van Gennep, Amsterdam 1964, 79.

31 Si tratta di una delle liste che esentavano temporaneamente dalla deportazione. Questa comprendeva anche i genitori degli impiegati del Consiglio Ebraico. Il 5 luglio 1943 il Consiglio fu sciolto e la lista cominciò a traballare.

ta alla comunità ebraica. È molto probabile che nella mia famiglia ci sono diversi non-ebrei. Hanno fatto una ricerca ed è stato fatto un atto di riconoscimento che lo potrebbe dimostrare. Lei mi consiglia di darmi da fare? Vede, non riesco a mettermi in pace con la mia coscienza se non presento queste cose adesso. E nel mio libretto di famiglia c'è pure scritto che sono ebrea. Ho fatto anche una richiesta per la Palestina. Ho un figlio di grande talento, che ha una raccomandazione di uno dei più grandi uomini del paese. Potremmo essere esonerati dalla deportazione per questo motivo? Con mio marito non potrei mai fare il viaggio. Lei non potrebbe fare qualcosa per noi? Non potrebbe dire ai signori importanti che mio marito è un grande linguista e che ha fatto molto per la linguistica? La prego, parli con la mia figlia di questo caso, se vuole". [...] La figlia, una mente illuminata, pensatrice intuitiva: "Mia madre è una donna amorevole, molto intelligente, ma non sta mai ferma. È sempre stata così. A mio padre fa venire i nervi. Lui è uno studioso, uno uomo introspettivo, che ama la sua tranquillità. È troppo orgoglioso per andare in giro e chiedere a chi capita di poter rimanere qui. Dice: "se il mio destino è di essere buttato nel letamaio in Polonia, allora, nel nome di Dio, così sia". Nel suo mestiere mio padre era un uomo di grande autorità. Uno che sapeva anche tenere l'ordine (in classe). Qui continua a vivere nella stessa vecchia maniera, senza badare a dove si trova adesso. Ecco perché si innervosisce mia madre. Potessi andare io in Polonia a loro posto, quando gli toccherà partire"».[32] Sarà la Hillesum a spendersi in prima persona per aiutare l'amico a evitare una possibile deportazione, come riportano due sue lettere con-

32 Mechanicus, *Waiting for Death*, 139-140.

fermate dalle annotazioni di lui.[33] Il filo del racconto tesse il loro legame. Scrive la donna il 22 agosto 1943: «Di fronte a me, seduto al rozzo tavolo di legno, Mechanicus mordicchia la sua penna stilografica. Di tanto in tanto alziamo gli occhi dai nostri foglietti scarabocchiati e ci guardiamo in faccia. Lui registra fedelmente, con una precisione quasi burocratica, tutto quel che capita qui. "È troppo" dice a un tratto. "Io un po' so scrivere, ma qui mi trovo davanti a un abisso – o davanti a una montagna –, è troppo".»[34] La vertigine della parola è la stessa che sperimentano di lì a poco, assistendo in presa diretta alla drammatica deportazione del 24 agosto mattina. Per la Hillesum sarà la prova più significativa della sua attività di scrittrice. Violando le regole, si ritrovano insieme nascosti nella baracca di fronte al treno in partenza. Entrambi rapiti dall'ansia di testimoniare. Nella lettera del 24 agosto 1943 che riporta l'accaduto, la giovane è a lui che fa riferimento quando parla dell'amico dalla «voce cinica» con cui assiste e commenta la scena. «"Da qui si è sempre goduto di una bellissima vista sui convogli in arrivo e in partenza", sento dire da una voce cinica».[35] La stessa commenta ancora: «Prima avevamo un comandante che spediva la gente in Polonia a calci, questo lo fa a sorrisi.»[36] Una battuta simile è riportata dal giornalista nella descrizione dettagliata della stessa partenza nell'appunto del 24 agosto.[37] La drammaticità dell'evento è aggravata da una spedizione punitiva voluta

---

33 *Lettere*, 101, 114; Mechanicus, *Waiting for Death*, 77-80.

34 *Lettere*, 134.

35 *Lettere*, 143.

36 *Lettere*, 147.

37 La battuta è tagliata nella traduzione inglese ma è presente in quella integrale: Mechanicus, *In Dépôt*, 138.

dall'alto. All'ultimo si è deciso che cinquanta persone in più debbano partire. L'ironia cinica di Mechanicus descrive le losche figure dei capi e dei loro collaboratori con straordinaria lucidità restituendo una atmosfera a tratti grottesca e surreale. Molto simile a quella riportata da lei nella parte finale nella lettera. La voglia di comprendere è la stessa di lui, come la capacità di descrivere l'ottundimento di «ceffi ottusi e sprezzanti»[38] privi di qualsiasi residuo di umanità. Per lei, l'irrealtà di ciò che si compie sotto gli occhi è resa dalla metafora del teatro. Quando il treno sta per partire, i «buffoni di corte»[39] del comandante ne accolgono l'arrivo come una «vedette» da rivista. Per il giornalista, l'irrealtà della scena è paragonata a quella di un film, «un grande e accattivante film»[40] in cui l'attenzione è rivolta agli attori. Il capo della OD è «una sorta di pirata del Sud», la losca figura del segretario del comandante «un acclamato domatore di leoni». «Fuori dal treno, sulla banchina, sporgendosi dai vagoni dei compartimenti di terza classe, c'era la Polizia Verde nella sua uniforme verde oliva. Una sigaretta penzolante dai rossi, amorfi volti di bifolchi di campagna con occhi da maiale – completamente indifferenti e insensibili a ciò che li circondava. Un furtivo interesse per una ragazza ebrea di bell'aspetto che passava di lì [...]. Sotto la loro supervisione, gli uomini dell'OD in uniforme verde muschio portavano i loro ossequi – uomini con volti completamente diversi, abbronzati, con neri ricciuti capelli, di solito dai lineamenti regolari e brutali, occhi di fuoco. Due mondi diametralmente opposti che mal-

---

38 *Lettere*, 144.
39 *Lettere*, 143.
40 Mechanicus, *Waiting for Death*, 136.

destramente cercano di rispettare le reciproche differenze. Gli OD agiscono come assistenti della Polizia Verde. In un flusso continuo essi caricavano barelle con uomini deperiti, morenti che issavano efficientemente sui carri bestiame. Nell'ospedale queste persone erano state infilate in pochi vestiti raccattati precipitosamente. Mentre era preso a cinghiate, un giovane uomo considerato un "caso speciale" benediceva sua moglie e i suoi due bambini che gli stavano dietro ed era a sua volta benedetto da un rabbino. A fianco ebrei anziani che recitavano da soli lo *sheimetz*, la preghiera per chi sta morendo. [...] Tutto era fatto sotto la direzione di Pisk, il capo delle OD, che appariva una sorta di pirata del Sud [...]. Quando il treno fu pieno e tutto ciò che rimaneva era chiudere le porte e dare il segnale di partenza, Schlesinger[41] saliva in panciotto nero, con i pochi capelli lisci e dritti sulla testa pelata – una figura eroica, un domatore di leoni. Un acclamato domatore di leoni.»[42] L'occhio del reporter non è quello dello scrittore. In Mechanicus prevale il bisogno di descrivere nei minimi dettagli. Come vedremo, nella Hillesum l'attenzione è rivolta quasi sempre alla umanità che la circonda. Più che descrivere, la sua parola interpreta, rimanda ad altro dalla mera trascrizione dei fatti. Pur nella diversità dello sguardo, la lucidità attraverso cui entrambi colgono l'evento rimane traccia di uno scambio giocato sul filo della scrittura. Elemento caratterizzante del diario di lui, l'ironia cinica è un

---

41 Tra i fedelissimi di Gemmeker, Kurt Schlesiger è uno dei primi ebrei tedeschi a fare ingresso nel campo di Westerbork. Sarà a capo della amministrazione ebraica del campo. Presser, *The Destruction of the Dutch Jews*, 415, 435.
42 Mechanicus, *Waiting for Death*, 137.

inedito nelle lettere di lei. È difficile stabilire fino a che punto l'incontro abbia influenzato la reciproca attività letteraria.[43] È certo che Etty Hillesum abbia trovato nell'amico un interlocutore prezioso con cui condividere quella ricerca del linguaggio per dire l'indicibile che stava accadendo. Quasi alla fine della lettera, è infatti a lui che si rivolge lasciando aperta una domanda che anticipa la grande letteratura della testimonianza: «Si potrà mai descrivere al mondo esterno quel che è successo qui?»[44]

L'ultima annotazione del giornalista relativa a lei risale a martedì 7 settembre 1943. È la storia a interrompere l'amicizia. Un ordine improvviso venuto dall'alto mette fine alla speranza: Etty, Mischa e i coniugi Hillesum sono costretti a partire. Il brano è scritto dopo la partenza del convoglio numero 72 la mattina alle 11.00 per il campo di Auschwitz-Birkenau. «Ogni trasporto ha i suoi casi particolarmente tragici. L'ultimo trasporto vide sparire un pianista giovane e geniale, di nome Mischa Hillesum [...]. Lunedì del tutto inatteso è giunto dall'Aia l'ordine: Mischa Hillesum partirà, insieme ai suoi partenti, con il nuovo trasporto. Il comandante l'ha dunque interpretato così: a partire deve essere l'intera famiglia. Non c'è stata la minima possibilità per adoperarsi per loro».[45] Sul convoglio ci sono 987 persone, di cui 170 bambini. Sopravvivono in otto. L'8 marzo 1944, è lui a lascia-

---

43 Per un approfondimento di questo tema rimando al saggio di Gerrit Van Oord, "Two Voices From Westerbork: Etty Hillesum and Philip Mechanicus on the Transpost from Camp Westerbork on 24 August 1943", in Aa.Vv., *Spiritualiy in the Writing of Etty Hillesum*, 312-334.

44 *Lettere*, 148.

45 Mechanicus, *Waiting for Death*, 149.

re il Drenthe per Bergen-Belsen. La morte per fucilazione lo attende il 12 ottobre dopo l'arrivo ad Auschwitz-Birkenau.

*«In un campo deve pur esserci un poeta»*

«In futuro, quando non abiterò più su una branda di ferro in una terra circondata dal filo spinato, voglio avere una lampadina sopra il mio letto, così di notte intorno a me ci sarà luce ogni volta che lo vorrò. Spesso, nel mio dormiveglia, turbinano pensieri e piccoli racconti, impalpabili e trasparenti come bolle di sapone, vorrei poterli catturare su un foglio di carta bianca. Quando mi sveglio la mattina sono ancora imbozzolata in quelle storie – è un ricco risveglio, sai? Ma poi comincia a volte una piccola passione, pensieri e immagini si agitano intorno a me, sono così tangibili e vogliono essere trascritti, ma non c'è nessun posto in cui si possa star seduti tranquilli, certi giorni passo ore a cercare un luogo sicuro. Una volta, nel cuore della notte, una gatta randagia è entrata nella nostra baracca, le abbiamo messo una cappelliera sul gabinetto e là ha avuto i suoi piccoli. Certe volte mi sento proprio come un gatto randagio senza cappelliera»,[46] scrive all'amica Maria Tuinzing in una lettera dell'11 agosto 1943. L'esperienza del campo non recide il legame con la scrittura. L'amore per la parola ha una continuità possibile nella necessità della testimonianza, nell'urgenza di raccontare. La vita chiede una inedita scommessa: farsi attraversare dal male per poterlo narrare. Nonostante la realtà premi con la sua violenza e la consapevolezza di una possibile fine sia dietro l'angolo. Bisogna scrivere ora, anche se non c'è più spazio per il raccoglimento della scrittura. La gestazione della parola è interrot-

---

46 *Lettere*, 124.

ta da un parto prematuro di cui si avverte l'inadeguatezza e la necessità. Come l'immagine della gatta randagia nelle doglie del parto, alla ricerca di un luogo di fortuna dove partorire. La sedimentazione del linguaggio fa i conti con la contingenza della storia e chiama a una forma che non può essere quella coltivata nella solitudine di Amsterdam. Non c'è tempo per la ricerca di uno stile: Westerbork risucchia, fagocita, annienta. Il tempo della scrittura è rinviato a data da destinarsi. Quando ci sarà il momento adatto per tradurre in forma l'indicibile di ciò che è accaduto. Non resta intanto che scrivere ancora, nonostante tutto: «Se io ho un dovere nella vita, in questo tempo, in questo stadio della mia vita, è proprio quello di scrivere, annotare, conservare. Le cose, nel frattempo, le digerirò comunque.»[47] La parola è un baluardo, un palo ritto nella tempesta per non smarrire il senso di sé. La forma epistolare è il mezzo accessibile per mantenerne il contatto. Siamo lontani dall'intimismo del diario: a prevalere è il bisogno di comunicare col mondo. Le lettere hanno la funzione di coltivare un legame con gli altri di vitale importanza nella cattività del campo. Nella miseria di Westerbork, la richiesta di cibo e piccole necessità personali è indispensabile alla sopravvivenza, come il bisogno di non smettere di raccontare, elaborare, immaginare. La parola che dà valore non è la cronaca, destinata quest'ultima all'incapacità di restituire l'inimmaginabile di ciò che accade. «Qui si potrebbero scrivere delle favole. Sembra strano, ma se si volesse dare un'idea della vita a Westerbork, quella sarebbe la forma migliore. La miseria che c'è qui ha passato a tal punto i limiti della realtà da diventare irreale. A volte mi capita di girare da sola per il

47 *Diario*, 779. 30 settembre 1942.

campo, ridendo fra me per le situazioni più grottesche – si dovrebbe proprio essere un sommo poeta per descriverle, magari ci riuscirò più o meno bene fra una decina d'anni.»[48] L'inedito del male chiama a un nuovo linguaggio, in grado di rendere la verità di ciò che, altrimenti, rimarrebbe imbrigliato nell'insensatezza del reale. La poesia come ricerca di senso ha un valore a Westerbork e in nessun altro luogo. In una lettera all'amico Osias Kormann del 4 novembre 1942, la giovane ritorna sulla dimensione veritativa della parola poetica: «forse il tuo collega Haussmann ribadirebbe amaramente: "Non è tempo di poeti e di filosofi". Io non so se abbia ragione, in ogni caso ti trascrivo quelle poche frasi, forse ti faranno piacere in un momento di calma.»[49] Le frasi riportate sono significativamente quelle di Rilke le cui poesie tiene con sé nel Drenthe, nascoste sotto il cuscino. «Di là dai confini ben protetti della mia scrivania, sembra che Rilke possa attecchire adesso anche in queste comunità umane prigioniere e inermi, e ve lo devo dire mi dà una certa soddisfazione.»[50] La poesia è il modo proprio dell'artista di cercare la verità dietro l'apparenza delle cose. La parola risuona nella capacità di restituire senso all'insensato della contingenza del mondo. Tra le tante missive inviate da Westerbork e da Amsterdam, due lettere destano particolare interesse. La prima è spedita dalla capitale olandese nel dicembre del 1942 a due sorelle dell'Aia mai conosciute. È scritta sotto richiesta del medico ebreo Herbert Kruskal, internato a Westerbork, che invita la giovane a testimoniare la sua esperienza alle due signore. La secon-

---

48 *Lettere*, 105.
49 *Lettere*, 39.
50 *Diario*, 779. 30 settembre 1942.

da è composta nel campo il 24 agosto 1943 ed è indirizzata a Han Wegerif e agli amici di Amsterdam. Entrambe sono pubblicate clandestinamente nell'autunno del 1943, in un'edizione dal fuorviante titolo *Tre lettere del pittore Johannes Baptiste van der Pluym. Con due riproduzioni (1843-1912)*.[51] Uno scarto temporale le separa. Una è il resoconto delle inziali esperienze nel Drenthe, l'altra rimanda alla fine della permanenza nel filo spinato. In otto mesi, ci sono le drastiche evoluzioni del campo e una maturazione del rapporto tra scrittura e testimonianza accarezzato fin dal diario. Nella testimonianza si gioca infatti l'evoluzione possibile di quel legame tra letteratura e vita alla base dell'idea di scrittura. Nella lettera del dicembre del 1942, l'invito a testimoniare è accompagnato dalla presa d'atto della incapacità a trovare le parole per dire il senso del «villaggio di baracche di legno incorniciato da cielo e brughiera, con un campo di lupini straordinariamente gialli nel mezzo e tutt'intorno filo spinato».[52] Un pezzo di mondo di cui si ignorava l'esistenza si spalanca ora come «un pezzetto tangibile del "destino" ebraico degli ultimi dieci anni».[53] Una esperienza «quasi da togliere il fiato». La parola annaspa, sperimenta l'afasia: «Volevo solo dire questo: io non sono poeta e mi sento per giunta piuttosto sprovveduta di fronte alla promessa fatta a

---

51 Responsabile di questa edizione, all'apparenza innocua, fu il giornalista David Koning (Amsterdam 1920 - Laren 1970), assieme a collaboratori delle redazioni dei giornali *De Vrije Katheder* e *De Patriot*. Koning ricevette le lettere da Petra Eldering, un'amica di Etty e redattrice del *De Vrije Katheder* (*Lettere*, 207-208).

52 *Lettere*, 48.

53 *Lettere*, 49.

K.[54] Perché, sebbene Westerbork sia per noi un nome ricco di significato, che continuerà a risuonare nella nostra vita futura, io non saprei bene che cosa raccontare in proposito.»[55] La difficoltà di raccontare è figlia di una alienazione che ottunde corpo e mente. «Coloro a cui è toccato lo snervante privilegio di poter rimanere a Westerbork "fino a nuovo ordine", corrono un grave rischio morale: quello di diventare apatici e insensibili. Il dolore umano di cui siamo stati testimoni in questi ultimi sei mesi, e al quale assistiamo ancora ogni giorno, è più di quanto un individuo sia in grado di assorbire in un periodo così limitato. Del resto, lo sentiamo dire quotidianamente intorno a noi, e in tutti i modi immaginabili: "Non vogliamo pensare, non vogliamo sentire, vogliamo dimenticare il più in fretta possibile". E questo mi sembra molto pericoloso.»[56] Di fronte al male, la parola è atto di resistenza non solo nella volontà di conservare vigili corpo e mente, ma nella urgenza di produrre un nuovo senso delle cose. «Accadono cose che un tempo la nostra ragione non avrebbe creduto possibili. Ma forse possediamo altri organi oltre alla ragione, organi che allora non conoscevamo, e che potrebbero farci capire questa realtà sconcertante. Io credo che per ogni evento l'uomo possieda un organo che gli consente di superarlo. Se noi dai campi di prigionia, ovunque siano nel mondo, salveremo i nostri corpi e basta, sarà troppo poco. Non si tratta infatti di conservare questa vita a ogni costo, ma di come la si conserva. A volte penso che ogni nuova situazione, buona o cattiva, possa arricchire l'uomo di

---

54 Si tratta del medico Herbert Kruskal.
55 *Lettere*, 50.
56 *Lettere*, 56.

nuove prospettive. E se noi abbandoniamo al loro destino i duri fatti che dobbiamo irrevocabilmente affrontare – se non li ospitiamo nella nostra mente e nel nostro cuore, per farli decantare e divenire fattori di crescita e di comprensione –, allora non siamo una generazione vitale. Certo, non è così semplice, e forse meno che mai per noi ebrei; ma se non sapremo offrire al mondo impoverito del dopoguerra nient'altro che i nostri corpi salvati a ogni costo – e non un nuovo senso delle cose, attinto dai pozzi più profondi della nostra miseria e disperazione –, allora sarà troppo poco.»[57] La parola del campo deve potere accedere a altri organi che non siano la sola ragione. È una lingua attraversata dal dolore, impregnata di sofferenza, capace di andare oltre i recinti dell'alienazione. Un linguaggio in grado di aprirsi a una verità che rimanda a un mondo altro, «attinto dai pozzi più profondi della nostra miseria e disperazione». Il riferimento ai fatti nudi e crudi non regge più. La lingua chiama a sé la capacità immaginifica del poeta. «Una sera d'estate ero seduta a mangiare il mio cavolo rosso sul ciglio del campo giallo di lupini, che dalla nostra mensa si estendeva fino alla baracca di disinfestazione, e riflettevo con aria ispirata: "Si dovrebbe scrivere la cronaca di Westerbork." Un uomo anziano seduto alla mia sinistra – anche lui con il suo cavolo rosso – aveva replicato: "Sì, ma ci vorrebbe un grande poeta." Quell'uomo ha ragione, ci vorrebbe proprio un grande poeta, le semplici cronache giornalistiche non bastano più.»[58] Se la ricerca di uno stile poetico non è possibile, ci deve essere spazio per una parola che si riveli poetica nel tradurre in immagini di

---

57 *Lettere*, 56-57.
58 *Lettere*, 49.

verità lo scempio del reale. Un racconto del male in cui il dolore è elaborato in una prosa poetica che acceda all'universalità di senso e preservi la bellezza del mondo. Con il suo scenario di sabbia e deserto, la baracca di disinfestazione diventa una «grande tenda beduina»,[59] a rievocare la storia di un più antico esodo. Il campo, una «[...] baracca talvolta al chiaro di luna, fatta d'argento e d'eternità: come un giocattolino sfuggito alla mano distratta di Dio.»[60] C'è una bellezza intatta nel cuore della miseria che la sciagura non attutisce. Un amore per la vita è possibile anche nell'abiezione. La drammatica descrizione del treno in partenza per l'Est non attutisce la capacità del poeta di tenere in una immagine il mistero della vita e della morte. La loro meravigliosa, tremenda convivenza. Si legge in una lettera dell'otto giugno 1943: «La locomotiva manda un fischio terribile, tutto il campo trattiene il fiato, partono altri tremila ebrei. In quei vagoni merci giacciono diversi bambini piccoli con la polmonite. [...] Sono salita un momento su una cassa che si trova fra i cespugli per contare il numero dei vagoni merci, erano trentacinque, preceduti da alcuni vagoni di seconda *classe* per la scorta. I vagoni merci erano completamente chiusi, ma qua e là mancavano alcune assi, e dalle aperture spuntavano mani a salutare, proprio come le mani di chi affoga. Il cielo è pieno di uccelli, i lupini violetti stanno là così principeschi e così pacifici, su quella cassa si sono sedute a chiacchierare due vecchine, il sole splende sulla mia faccia, e sotto i nostri occhi avviene una strage, è tutto così incomprensibile.»[61] Sospese

---

59 *Lettere*, 131.
60 *Diario*, 770. 23 settembre 1942.
61 *Lettere*, 78.

nel vuoto, le mani tese a salutare dai vagoni rievocano la morte lenta e atroce di chi affoga. La bellezza della natura assiste silenziosa e imponente. Il flusso della vita va avanti trascinando con sé tutto: la morte, la calda carezza del sole sul viso, i lupini violetti, la chiacchierata di due vecchine, l'orrore compiuto sotto i loro occhi. L'enigma del mondo è in questo unico, potente insieme. La natura a Westerbork rimanda al mistero di una verità che si muove in parallelo con la storia. Essa è il luogo dell'origine, di una legge non assoggettabile al negativo e che rivela la presenza di uno scenario più grande. «L'arcobaleno sopra il campo e il sole» brilla ancora «nelle pozzanghere melmose».[62] I voli dei gabbiani visti dalla cuccetta «sono come liberi pensieri che vagano per un vasto spirito».[63] Il movimento «di uno di questi uccelli neri e argentei fra i nuvoloni azzurro scuri carichi di pioggia» alleggerisce il cuore perché rinvia a una necessità al di sopra tutto. L'«obbedienza dell'universo a Dio»,[64] dirà Simone Weil, è il cuore della bellezza del cosmo. Per la pensatrice francese come per la giovane olandese, la capacità di preservare il senso di questo incanto viaggia in parallelo all'amore per il mondo. Prima ancora di essere cifra stilistica, la poesia è per la Hillesum attitudine alla vita: capacità di custodire il contatto con un'origine scoperta ad Amsterdam e vissuta fino a Westerbork. «In me non c'è un poeta, in me c'è un

---

62 *Lettere*, 117.

63 *Lettere,* 121.

64 Simone Weil, *Attesa di Dio*, a cura di Maria Concetta Sala, Adelphi, Milano 2009, 184. Un lavoro che mette a confronto la Hillesum e la Weil è stato fatto da Beatrice Icopini e Sabina Moser, *Uno sguardo nuovo. Il problema del male in Etty Hillesum e Simone Weil*, San Paolo, Cinisello Balsamo 2009.

pezzetto di Dio che potrebbe farsi poeta. In un campo deve pur esserci un poeta, che da poeta viva anche quella vita e la sappia cantare»,[65] scrive nel diario il 3 ottobre del '42. C'è un amore per il mondo di cui la parola come ricerca di verità si fa custode. Se non c'è tempo per il silenzio della scrittura, rimane ancora spazio per il dio da custodire nel grembo e da dissodare nel cuore dell'altro senza il quale non si darebbe scrittura di senso. La lingua del campo è «parola di Dio», commenta Isabella Adinolfi.[66] Nel teatro dell'assurdo di Westerbork, c'è da chiedersi infatti cosa permetta di mantenere quel rapporto con l'origine di cui il linguaggio rimane depositario. La scrittura è possibile perché c'è ancora spazio per quel raccoglimento interiore chiamato «Dio». È la forza di questo «altrove» a dare lucidità al sentire impedendo di essere trascinato nel caos degli eventi. Scrive dal campo il 18 agosto 1943: «io non combatto contro di te, mio Dio, tutta la mia vita è un grande colloquio con te. Forse non diventerò mai una grande artista come in fondo vorrei, ma mi sento già fin troppo al sicuro in te, mio Dio. A volte vorrei incidere delle piccole massime e storie appassionate, ma mi ritrovo prontamente con una parola sola: Dio, e questa parola contiene tutto e allora non ho più bisogno di dire quelle altre cose. E la mia forza creativa si traduce in colloqui interiori

---

65 *Diario*, 787. 3 ottobre 1942.

66 Isabella Adinolfi, "Le Lettere di Etty Hillesum. Una cronaca poetica di Westerbork", in Aa.Vv., *Dopo la Shoah. Un nuovo inizio per il pensiero*, Carocci, Roma 2011, 315. L'autrice approfondisce il tema della poesia nella monografia Isabella Adinolfi, *Etty Hillesum. La fortezza inespugnabile. Un percorso etico-religioso nel dramma della Shoah*, il melangolo, Genova 2011, 145-169.

con te.»[67] Coltivato nelle viscere della sofferenza, il contatto con la radice interiore sospende la storia per conferirle uno sguardo più alto. Il rapporto con Dio non è fuga dal mondo, ma straordinaria capacità di lettura del reale. La scrittura porta con sé il coraggio di una visione prodigiosamente lucida su ciò che accade. La lunga lettera del 24 agosto 1943 ci restituisce uno spaccato di vita che colpisce per la acuta comprensione degli eventi e degli uomini. Le parole sono scritte a caldo dopo l'inferno di una notte di veglia, prima della partenza dell'ennesimo treno della morte. Ancora impastoiato nell'emotività dell'evento, lo sguardo si sofferma sulla miseria dei residenti dando forma a immagini universali di umanità. Una notte speciale precede il treno del martedì mattina: cinquanta vittime in più rispetto alle stabilite sono costrette a partire all'ultimo momento. Una decisione senza appello venuta dall'alto, a seguito dei tentativi di fuga di alcuni detenuti individuati per la Polonia.[68] Devono partire bambini, neonati, uomini, donne, malati, giovani e anziani. Etty Hillesum si aggira nell'ospedale per portare conforto e leggere «l'ultima espressione dal viso dei moribondi». Prevale l'urgenza di assistere fino all'ultimo alla verità di ciò che accade. La prima parte della lettera è costellata di volti, per lo più femminili, incrociati a un passo dalla fine. L'occhio della scrittrice ne registra l'umanità, ne coglie sfaccettature di esistenza. Come la ragazzina paralizzata dal volto emaciato che

---

67 *Lettere*, 129-130.

68 È Mechanicus a riportare in maniera più dettagliata la causa della spedizione punitiva del 24 agosto 1943: «tre di coloro che erano condannati alla deportazione cercarono di scamparla tentando la fuga ieri sera – tre uomini "casi speciali", due dalla "baracca di punizione" e uno dall'ospedale», in Mechanicus, *Waiting for Death*, 136.

chiama con gli «occhi spalancati». «Non ho mai visto occhi
così grandi in un faccino così piccolo.» «È seduta sul suo
letto, diritta come un fuso e con gli occhi spalancati. È una
ragazzina dai polsi sottili e dal faccino magro e diafano. È
parzialmente paralizzata, aveva appena ricominciato a camminare tra due infermiere, passo dopo passo. "Hai sentito?
Devo partire" sussurra. "Come, anche tu?" Ci guardiamo per
un po' senza riuscire a parlare. Il suo visino è svanito, è solo
occhi. Finalmente dice con una monotona vocina grigia:
«Che peccato, eh? Pensare che quanto hai imparato nella tua
vita è stata fatica sprecata», e: "Però com'è difficile morire,
eh?" [...] Più tardi nella notte la rivedrò per l'ultima volta.»[69]
L'inferno è ascoltare le urla strazianti dei neonati strappati
alle madri e caricati sui carri bestiame. Le litanie delle donne
che portano a morire i propri figli. Come la piccola donna
dall'aria «spiritata» che regge sul braccio una bacinella di
bucato ancora gocciolante. Il suo bambino è malato, ha la
febbre e all'ultimo si è deciso debba partire. Lei non riesce
nemmeno ad asciugare il bucato per poterlo vestire per il
viaggio. «La piccola donna del bucato umido è ormai quasi
fuori di sé. "Non potrebbe nascondere il mio bambino? Su,
me lo nasconda, ha la febbre alta, come posso portarlo con
me adesso?" E mi indica una misera creaturina dai riccioli
biondi e dal visino acceso che si agita in un piccolo letto di
legno grezzo. L'infermiera vuol far mettere alla madre un
maglione di lana in più sopra il vestito, lei si ribella: "Non
voglio portarmi niente, a che cosa mi serve?... Il mio bambino..." Singhiozza: "Un bambino malato te lo tolgono e non
te lo restituiscono più." Una donna le si avvicina, è una

---

69 *Lettere*, 137-138.

popolana dalla figura pesante e dal viso benevolo e un poco
ottuso; tira a sé la madre disperata e se la fa sedere accanto sul
bordo di una branda, le parla con una cadenza popolare quasi
melodiosa: "Anche tu sei ebrea come gli altri, anche tu devi
partire, non è così?"»[70] C'è la giovane del quartiere popolare
di Rotterdam, incinta al nono mese e con un bambino. «Due
infermiere cercano di vestirla. Lei si appoggia con il corpo
informe al lettuccio del suo bambino mentre gocce di sudore
le colano sul viso. Fissa un punto lontano dove non riesco a
seguirla e dice con voce atona e spenta: "Due mesi fa ero
pronta ad accompagnare volontariamente mio marito in
Polonia. Non me l'hanno permesso perché ho sempre dei
parti difficili. E ora devo partire... perché stanotte è scappato
qualcuno..." Il lamento dei neonati si gonfia, riempie tutti gli
angoli e le fessure della baracca illuminata in modo spettrale,
è quasi insopportabile. Nella mia mente affiora un nome:
Erode.»[71] Il coraggio dell'energica donnina del ghetto con
sette figli: «Zampetta sulle sue gambe corte, tutta affaccenda-
ta e con modi risoluti. "Eh sì, che cosa crede, io ho sette figli,
e loro devono ben avere una mamma coraggiosa." Con gesti
veloci riempie fino all'orlo un sacco di iuta. "Io qui non
lascio niente, mio marito l'hanno deportato un anno fa, e i
miei due figli più grandi sono già partiti anche loro." Dice
con viso raggiante: "I miei figli sono dei tesori per me."
Zampetta, si dà da fare, mette le cose nel sacco, e mentre
passa ha una parola d'incoraggiamento per tutti. Una brutta
donnina del ghetto, dai capelli neri e grassi, il ventre pesante
e le gambe corte. Indossa un povero vestito scuro con le

70 *Lettere*, 138.
71 *Lettere*, 139-140.

mezze maniche, immagino che con quel vestito lei facesse già il bucato nella sua tinozza sulla Jodenbreestraat. E ora con quello stesso vestito se ne va in Polonia, tre giorni di viaggio con sette figli.»[72] Fuori, tra le baracche, un vecchio moribondo recita da solo lo *Shemà*, la preghiera ebraica per chi sta morendo, mentre è caricato sul treno. Un padre benedice la moglie, il figlio e si fa benedire «da un vecchio rabbino con la barba bianca come la neve, e con l'ardente profilo di un profeta. Vedo... ma tanto non riesco a descriverlo...».[73] La lucidità dello sguardo è interrotta dal dolore della presa diretta che impone il silenzio. È l'alba e l'inferno ha una pausa apparente: sono tutti caricati sul treno. Etty Hillesum si infila di nascosto in una baracca che dà sul binario per continuare a registrare fino all'ultimo istante. Lo scenario umano è cambiato, a catturare l'attenzione sono i volti di chi è dall'altra parte: i collaboratori del comandante, i «buffoni di corte» del teatro del campo. La variegata «zona grigia» di chi è disposto a tutto per salvarsi la pelle. Come il compositore di «canzonette» Willy Rosen; doveva essere deportato ma cantò a squarciagola mandando il pubblico in estasi e Gemmeker decise di allungargli la vita. «A lui fu assegnata perfino una casetta, dove ora abita dietro tendine a quadretti rossi insieme con la moglie dai capelli ossigenati, che di giorno lavora al mangano nei vapori bollenti della lavanderia. Ora quello stesso Rosen, vestito di una tuta color avana, spinge una bassa carriola su cui gli tocca portare i bagagli dei suoi correligionari, e pare la morte che cammina.»[74] C'è anche il «pia-

---

72 *Lettere*, 142.
73 *Lettere*, 143.
74 *Lettere*, 144.

nista prediletto»: «di lui si narra che sia un portento, che sappia addirittura suonare la *Nona* di Beethoven a ritmo di jazz, e questo significherà pure qualcosa...»[75] Una umanità composta da «ceffi ottusi e sprezzanti in cui si cercherebbe invano un piccolo residuo di umanità».[76] Sul finale della farsa grottesca entra in scena il capo, con l'incedere da «vedette di una rivista». Gemmeker si dice sia un «gentleman», anche se «per essere un gentleman ricopre un ufficio un tantino singolare...» Il suo incedere è sicuro, «come un sovrano che regna con clemenza su una moltitudine di umili sudditi».[77] Sebbene ancora giovane, è un uomo che ha fatto carriera e il suo potere consiste ora nel diritto di vita e di morte. Per lui vanno in visibilio le «schiocche ragazzine» del campo. «Il suo viso è quasi grigio ferro in questa brutta mattina. È un viso che non sono ancora in grado di decifrare, a volte mi fa pensare a una sottile cicatrice in cui sono cresciute rabbia, scontentezza e falsità. E poi c'è qualcosa nella sua fisionomia che sta a metà fra un azzimato garzone di parrucchiere e l'assiduo frequentatore di una bettola per artisti. Ma la rabbia e la forzata rigidezza predominano.»[78] Come «imbambolati», gli uomini del «plotone verde» stanno a guardare il treno che si chiude. «Forse pensano – ma "pensare" è davvero una parola grossa».[79] Il comandante con rapido gesto della mano annuncia la fine dello spettacolo, come «il principe di un'operetta». Il fischio del treno «acuto e stridulo». Il campo trattiene il

---

75 *Lettere*, 144.
76 *Lettere*, 144.
77 *Lettere*, 146-147.
78 *Lettere*, 147.
79 *Lettere*, 148.

fiato: più di mille passeggeri vanno incontro alla fine. Molti moriranno durante il viaggio. «Centomila nostri correligionari olandesi si sfiancano sotto un cielo ignoto, o stanno imputridendo in una terra ignota. Non sappiamo nulla del loro destino. Forse lo sapremo presto, ognuno a suo tempo, perché quello sarà anche il nostro destino - non ne dubito nemmeno un istante. Ma ora devo andare a dormire un'oretta, sono un po' stanca e la testa mi gira.»[80]

Il racconto del male colpisce per la fluidità della forma e la sicurezza della parola. Siamo lontani dai più timidi approcci del dicembre del 1942. Si ha l'impressione che i mesi trascorsi abbiano avuto una influenza decisiva nella elaborazione di una forma che, forse, avrebbe potuto avvicinarsi allo stile cercato. Si tratta di una parola ancora imbozzolata negli eventi e che fa i conti con un silenzio diverso da quello accarezzato dall'aspirante scrittrice. È il silenzio di chi vive in presa diretta un dramma la cui elaborazione del ricordo è rinviata a data da destinarsi. La testimonianza di Westerbork colpisce per l'assenza di particolari rilevanti per la comprensione della quotidianità del campo. Il tacere della parola non è qui rifiuto della verità, ma incapacità di reggere contemporaneamente il trauma dell'evento e la sua assimilazione. È un silenzio «interstiziale», nota Attilio Bragantini,[81] che rimanda al futuro la scrittura della Shoah. A quando ci sarà tempo affinché vita e letteratura trovino un equilibrio possibile. Alla parola

---

80 *Lettere*, 149.
81 Attilio Bragantini, "Nuovi pensieri dai pozzi della miseria. Vita e scrittura in Etty Hillesum", in *ACME - Annali della Facoltà di Lettere e Filosofia dell'Università degli Studi di Milano*, LXII – 2- maggio-agosto 2009, 214.

resta intanto il compito di appuntare in una immagine il vero di ciò che accade, di strappare al caos alcune intuizioni, come «come rade pennellate su un ampio, muto sfondo». La metafora è anche un alleggerimento dal peso del reale. Una figura che, nel rimandare ad altro, solleva dal trauma della contingenza. Nel diario, l'indicibilità di una Rotterdam rasa al suolo dalla guerra è racchiusa nell'istantanea delle macerie da cui emergono intatti un ponte e una chiesa, come un «diamante sul petto di una mendicante». «Potrei scrivere per ore, volumi interi, sugli ultimi tre o quattro giorni. Non c'è tempo. Scribacchiato qualcosa al volo»,[82] appunta subito dopo la visione il 16 marzo 1942. Ancora una volta, la parola è un modo per elaborare una ferita, un tentativo di spostamento del dolore. In forma ancora embrionale, la testimonianza in presa diretta di Etty Hillesum è già attraversata da alcuni grandi temi della letteratura del dopoguerra. L'intuizione dell'urgenza di un nuovo linguaggio per dire l'indicibile anticipa l'afasia del dopo Auschwitz. L'esperienza drammatica di chi, scampato alla morte, vive su di sé l'incontinenza del racconto, ma anche l'incomunicabilità con chi è fuori e non può comprendere fino in fondo. Il sogno tipico del campo, il sogno di tutti di cui parla Primo Levi in *Se questo è un uomo*,[83] è quello di ritornare, raccontare e non

---

82 *Diario*, 418. 16 marzo 1942.

83 Riporto la splendida pagina sul sogno scritta da Levi: «Qui c'è mia sorella, e qualche mio amico non precisato, e molta altra gente. Tutti mi stanno ascoltando, e io sto raccontando proprio questo: il fischio su tre note, il letto duro, il mio vicino che io vorrei spostare, ma ho paura di svegliarlo perché è più forte di me. Racconto anche diffusamente della nostra fame, e del controllo dei pidocchi, e del Kapo che mi ha percosso sul naso e poi mi ha mandato a lavarmi per-

essere ascoltati. La parola è inadeguata a dare voce alle lacerazioni del corpo muto. Il «delirio»[84] della narrazione, di cui scrive Robert Antelme in *La specie umana*, si accompagna alla esperienza della sproporzione tra l'impensabile vissuto e l'inadeguatezza del linguaggio tradizionale. La fantasia dello scrittore può provare a restituire l'indicibile, a raccontare il dolore che sfugge alla presa della sola ragione per restituire il senso della vita violata. Per chi non ha più voce, per quel «testimone integrale», il «sommerso», il «mussulmano» di cui parla Levi, che ha vissuto la radicalità del male e per

---

ché sanguinavo. È un godimento intenso, fisico, inesprimibile, essere nella mia casa, fra persone amiche, e avere tante cose da raccontare: ma non posso non accorgermi che i mie ascoltatori non mi seguono. Anzi, essi sono del tutto indifferenti: parlano confusamente d'altro tra loro, come se io non ci fossi. Mia sorella mi guarda, si alza e se ne va senza far parola. Allora nasce in me una pena desolata, come certi dolori appena ricordati della prima infanzia: è un dolore allo stato puro, non temperato dal senso della realtà e dalla intrusione di circostanze esterne, simile a quello per cui i bambini piangono; ed è meglio per me risalire ancora una volta in superficie, ma questa volta apro deliberatamente gli occhi, per avere di fronte a me stesso una garanzia di essere effettivamente sveglio. Il sogno mi sta davanti, ancora caldo, e io, benché sveglio, sono tuttora pieno della sua angoscia: e allora mi ricordo che questo non è un sogno qualunque, ma che da quando sono qui l'ho già sognato, non una ma molte volte, con poche variazioni di ambiente e di particolari. Ora sono in piena lucidità, e mi rammento di averlo già raccontato ad Alberto, e che lui mi ha confidato, con mia meraviglia, che questo è anche il suo sogno, e il sogno di molti altri, forse di tutti. Perché questo avviene? Perché il dolore di tutti i giorni si traduce nei nostri sogni così costantemente nella scena sempre ripetuta della narrazione fatta e non ascoltata?», in Primo Levi, *Se questo è un uomo. La tregua*, 53-54.

84 Robert Antelme, *La specie umana*, 5.

questo non c'è più.[85] Per il piccolo Hubinek in *La tregua*, l'orfano figlio del campo che in quel suo balbettare disarticolato sembra già alludere ad altro. «Era ormai chiaro che solo scegliendo, solo cioè attraverso l'immaginazione, potevamo tentare di dire qualche cosa.»[86] Nella miseria del campo, Etty Hillesum invoca l'urgenza della poesia. Circa dieci anni dopo, l'annuncio provocatorio di Adorno sull'impossibilità di fare poesia dopo Auschwitz fa i conti con questa profetica anticipazione.[87] Nella *Dialettica negativa*, il filosofo ritorna sull'affermazione cercando di svilupparne l'idea di fondo: dopo i lager della morte non ci può essere vita di senso.[88]

---

85 Primo Levi, *I sommersi e i salvati*, 64. Il tema complesso della testimonianza del sopravvissuto è ripreso da: Giorgio Agamben, *Quel che resta di Auschwitz. L'archivio e il testimone*, Bollati Boringhieri, Torino 1998 e Pier Vincenzo Mengaldo, *La vendetta è il racconto. Testimonianze e riflessioni sulla Shoah*, Bollati Boringhieri, Torino 2007. Per una riflessione sulla lingua della testimonianza con un particolare riferimento ad Antelme rimando a: Maurice Blanchot, *L'infinito intrattenimento. Scritti sull'«insensato gioco di scrivere»*, traduzione di Roberta Ferrara, Einaudi, Torino 1977, 165-183 e Bruno Moroncini, *Il discorso e la cenere. Il compito della filosofia dopo Auschwitz*, Quodlibet, Macerata 2006, 23-52.

86 Robert Antelme, *La specie umana*, 5.

87 Theodor W. Adorno, *Prismi. Saggi sulla critica della cultura*, a cura di Carlo Mainoldi, Einaudi, Torino 1972, 22.

88 «La sofferenza incessante ha tanto diritto di esprimersi quanto il martirizzato di urlare; perciò sarà stata un errore la frase che dopo Auschwitz non si possono più scrivere poesie. Non è invece sbagliata la domanda meno culturale se dopo Auschwitz ci si possa lasciar vivere, se ciò in fondo sia lecito a chi è scampato per caso e di norma avrebbe dovuto essere ucciso», in Theodor W. Adorno, *Dialettica negativa*, a cura di Stefano Petrucciani, Einaudi, Torino 2004, 326. Per un approfondimento del tema del fare poesia dopo Auschwitz, con

Con Auschwitz crolla la metafisica e con essa Dio. Lo spirito non può più conferire verità al mondo. La poesia può urlare il dolore, ma difficilmente cantare la vita. La giovane scrittrice, che ambiva a essere la poeta della sventura, riesce in una impresa difficilissima: restituire il senso dell'esistenza violata, cantarne la grandezza e insieme la miseria, quando il male sta accadendo. La parola poetica dà voce a quell'«ultima camicia» di «umanità» che nell'inferno rivela la sua natura irriducibile. Per il racconto di Antelme, è il senso dell'appartenenza alla specie umana venuto fuori nell'umile lotta individuale per la sopravvivenza. L'essere ancora in grado di gioire nell'assaporare lentamente un pezzo di pane; la stretta di mano del compagno che viola le regola del contatto per la comune appartenenza. La rievocazione del mare con il suo ignoto abisso di libertà che il poeta Dante restituisce a Primo Levi, attraverso il canto di Ulisse rammemorato nel lager.[89] Certo Auschwitz non è Westerbork. La vita in un campo di transito non è quella di un lager provvisto di forno crematorio dove il contatto con la scrittura diventa impossibile.[90]

riferimento al rapporto Adorno-Celan, rimando ai saggi: Paola Gnani, *Scrivere poesie dopo Auschwitz. Paul Celan e Theodor W. Adorno*, Giuntina, Firenze 2010; Franco Maria Fontana, *Immagini del disastro prima e dopo Auschwitz. Il "verdetto" di Adorno e la risposta di Celan*, Mimesis, Milano-Udine 2012.

89 Primo Levi, *Se questo è un uomo*, 98-103.

90 In risposta alla riflessione di Améry circa l'inutilità e la negatività della cultura e della poesia nel lager, una preziosa riflessione si trova ne *I sommersi e i salvati* di Primo Levi: «la cultura poteva [...] servire, anche se solo in qualche caso marginale, e per brevi periodi; poteva abbellire qualche ora, stabilire un legame fugace con un compagno, mantenere viva e sana la mente. Certo non era utile a orientarsi né a

La lingua nuova coltivata dalla giovane nel Drenthe è seguita dal silenzio della sua morte. Dalla Polonia non arriva né può arrivare scrittura di senso. Non sappiamo come ha vissuto gli ultimi istanti né quale sarebbe stata la sua elaborazione del ricordo, se fosse sopravvissuta. «Apro a caso la Bibbia e trovo questo: "Il Signore è il mio alto ricetto". Sono seduta sul mio zaino nel mezzo di un affollato vagone merci. Papà, la mamma e Mischa sono alcuni vagoni più avanti. [...] Abbiamo lasciato il campo cantando»,[91] recita la cartolina

---

capire: su questo, la mia esperienza di straniero coincide con quella del tedesco Améry. La ragione, l'arte, la poesia, non aiutano a decifrare il luogo da cui esse sono state bandite. Nella vita quotidiana di "laggiù", fatta di noia trapunta di orrore, era salutare dimenticarle, allo stesso modo come era salutare imparare a dimenticare la casa e la famiglia; non intendo parlare di un oblio definitivo, di cui del resto nessuno è capace, ma di una relegazione in quel solaio della memoria dove si accumula il materiale che ingombra, e che per la vita di tutti i giorni non serve più». Altrove lo scrittore commenta: «A me, la cultura è stata utile; non sempre, a volte forse per vie sotterranee e impreviste, ma mi ha servito e forse mi ha salvato. Rileggo dopo quarant'anni in *Se questo è un uomo* il capitolo *Il canto di Ulisse*: è uno dei pochi episodi la cui autenticità ho potuto verificare», in Primo Levi, *I sommersi e i salvati*, 115, 112. Améry è più drastico sul ruolo dell'intellettuale. Nel campo della morte, lo spirito era destinato ad annientarsi, la bellezza si mostrava «una illusione. La conoscenza si rivelava un gioco di concetti. La morte si celava dietro tutta la sua inconoscibilità. Ad Auschwitz non siamo divenuti più saggi, se per saggezza s'intende una conoscenza positiva del mondo: nulla di quanto comprenderemmo nel Lager non avremmo potuto comprenderlo anche fuori; nulla si trasformò in un'utile guida. Neanche nel campo siamo diventati più "profondi" [...]. Ad Auschwitz non siamo nemmeno divenuti migliori, più umani». Jean Améry, *Intellettuale ad Auschwitz*, 54-55.

91 *Lettere*, 175.

lanciata dal treno per l'Est il 7 settembre 1943. L'ultima traccia di lei.[92] C'è da credere che quella certezza interiore l'abbia seguita fino all'ultimo passo. La sua parola e la sua vita sono un frutto che la storia ha voluto prematuro, sebbene straordinariamente fecondo.

## Il futuro della memoria

La parola della Hillesum è prolifera. È un linguaggio che dice e predice. Come il poeta prefigurato da Rilke nei testi cari del *Libro d'ore* e le *Lettere al giovane poeta*. Il poeta è qui profeta perché parla letterariamente in nome di un dio che è ancora in là da venire.[93] Cosa anticipa il linguaggio di questa giovane

92 Poiché fu impossibile stabilire con certezza quando Etty Hillesum morì, la Croce Rossa olandese ha assunto giuridicamente il 30 novembre 1943 come data della sua morte e come luogo Auschwitz-Birkenau.

93 Ne *Libro d'ore*, il poeta dà forma al dio che viene, lo mette al mondo perché si si fa suo strumento di rivelazione. «Io sono il padre: pure, il figlio è di più. È tutto ciò che era il padre, e quel che il padre non è riuscito a diventare, diventa grande in lui. Egli è il futuro e il ritorno, è il grembo, è il mare...», in Mathieu, *Dio nel «Libro d'ore»*, 282. Anche le lettere rivolte al giovane poeta Kappus vanno lette in questa prospettiva. In modo esplicito l'autore commenta: «perché non pensate che egli è quello che ha da venire, l'imminente dall'eternità, il futuro, il finale frutto di un albero, di cui noi siamo le foglie? Chi vi trattiene dal gettar la sua nascita nei tempi venturi e vivere la vostra vita come un bello e doloroso giorno della storia d'una grande gestazione? [...] Come le api adunano il miele, così da tutto noi suggiamo l'essenza più dolce per edificarlo. Anche con le cose più umili, non appariscenti (se accade solo per amore), noi cominciamo, con il lavoro e il riposo che lo segue, con un silenzio e una piccola gioia solinga, con tutto quello che facciamo soli, senza partecipi e seguaci, noi comincia-

donna? Non c'è nessun lascito politico nella sua eredità spirituale né alcuna concreta individuazione di un programma possibile per il dopoguerra. Come ripete a più riprese, la sua resistenza non ha a che fare con la lotta politica, ma con un diverso atteggiamento dell'uomo nei confronti di se stesso e dell'altro. Nel diario, si legge di un «nuovo periodo di umanesimo» prefigurato dopo la sciagura. La parola aperta sul futuro è nell'immaginazione di una umanità in grado di fare del male l'occasione per un nuovo sguardo sulle cose. Una prospettiva nata da un costante spingersi al di là dei pregiudizi, un mettersi radicalmente in discussione di cui la parola come scavo interiore si fa portatrice. Intrapresa nel diario, la cura di sé diventa cura del mondo che nel linguaggio ha il suo segnavia. «Dai campi stessi dovranno irraggiarsi nuovi pensieri, nuove conoscenze dovranno portar chiarezza oltre i recinti di filo spinato, e congiungersi con quelle che là fuori ci si deve ora conquistare con altrettanta pena, e in circostanze che diventano quasi altrettanto difficili. E forse allora, sulla base di una comune e onesta ricerca di risposte chiarificatrici su questi avvenimenti inspiegabili, la vita sbandata potrà di nuovo fare un cauto passo avanti»,[94] si legge nell'ispirata lettera del dicembre del 1942. La scrittura è pratica di comprensione del reale, scavo di senso che produce verità. L'umanità possibile deve potere dare forma a «nuovi pensieri» che indichino vie di uscita per l'esistenza alienata. Una parola nata dalla vita, intessuta di dolore e per questo in grado di farsi orizzonte delle contraddizioni del tempo. All'ottundimento dell'umano, denunciato dalla Arendt

---

mo lui, che non vedremo compiuto, come i nostri avi non poterono vedere noi», in Rilke, *Lettere a un giovane poeta*, 44-45.

94 *Lettere*, 57.

in quella assenza di idee nell'Europa della seconda guerra mondiale, Etty Hillesum reagisce con la prospettiva di una soggettività vigile, appassionata, vitale, già tesa al futuro. Scrive in una lettera agli amici del 3 luglio 1943: «Proverò a descrivervi come mi sento, ma non so se la metafora è calzante. Quando un ragno tesse la tela, non lancia forse i fili principali davanti a sé e ci si arrampica poi sopra? La strada maestra della mia vita è tracciata per un lungo tratto davanti a me e arriva già in un altro mondo.»[95] Come il ragno con la tela, la giovane tesse il futuro attraverso il filo di parole che rimandano a un umano di cui il femminile è guida. Il femminile come capacità di ascolto, ricettività, cura, tensione appassionata da contrapporre a un umanità abbrutita nell'esercizio del potere. Il compito «storico» della donna è quello di «mostrare all'uomo la via verso la sua anima attraverso l'anima femminile.»[96] «Credo che in futuro saranno più importanti e più innovativi quegli uomini che hanno in sé una buona parte di femminilità – e che però in questo sono veri uomini – come lui e come Rilke, per esempio, uomini che – qui la mia capacità espressiva mi abbandona – sanno funzionare da segnavia per l'anima. E non quei tipi – "lui", quei Führer e quegli eroi in uniforme. Non quelli che comunemente vengono chiamati "veri uomini"»,[97] scrive in un passo del diario del 17 marzo 1942. Spier e Rilke sono «veri uomini» perché hanno saputo fare della ricettività, dell'ascolto una nuova dimensione dell'umano. Incarnazione di una forza che non ha bisogno dell'esaltazione della virile potenza per affermare se stessa. Parole come potenza, debolezza, maschile,

---

95 *Lettere*, 98.
96 *Diario*, 428. 17 marzo 1942.
97 *Diario*, 428. 17 marzo 1942.

femminile, uomo, donna vanno radicalmente ripensate. Come ripensata deve essere una Europa che la giovane donna sente nascere e crescere dentro di sé, nonostante fuori sia risolta in un grande campo di sterminio. «L'Europa sono io stessa, risiede in me»,[98] scrive a più riprese nei quaderni. Essa si traduce in un sentire senza pregiudizi di classe, genere, religione, politica. Uno spazio interiore prima che esteriore, in grado di prefigurare l'idea di una unione tra popoli che possa spingersi oltre i confini geopolitici. Un orizzonte che sentiva di allargare fino alla amata Russia da cui l'Occidente avrebbe potuto imparare una diversa capacità di sentire l'altro. Il patire del popolo russo è la suprema accoglienza del dolore che manca all'Occidente, ripete nei quaderni. Una ricettività che non passa attraverso il pensiero, ma implica una messa in discussione della supremazia di una ragione che ha in Auschwitz il suo fallimento. «In futuro diventerò uno dei tanti piccoli elementi di congiunzione tra la Russia e l'Europa.» «Fra qualche tempo partirò per la Russia, come inviata dell'Europa, e poi viaggerò per tornare in Europa, come inviata della Russia. [...] In futuro userò tutta la mia coscienza, il mio sapere e la mia intuizione per esplorare la Russia e raccontare poi com'è all'Europa. Credo che a lungo andare il mio percorso sfocerà lì, che tutto quello che io raccolgo in me stessa e le cose attorno a cui raggrumo me stessa, tutto contribuirà a creare le condizioni perché io possa comprendere quel paese, assorbirlo in me e dare forma alle esperienze che farò là.»[99] Più o meno nello stesso periodo, Altiero Spinelli e Ernesto Rossi scri-

98 *Diario*, 480. 4 aprile 1942.

99 *Lettere*, 480. Per un approfondimento del legame con la Russia rimando a: Wil van den Bercken, "Etty Hillesum's Russian Vocation

vevano nell'esilio forzato di Ventotene[100] il manifesto di una Europa libera e unita, da ripensare dopo la guerra. A più di un settantennio, le loro parole sono ancora vive. L'Europa immaginata è in là da venire, ma senza quello slancio l'idea di futuro non sarebbe stata possibile e difficilmente lo sarebbe oggi.

---

and Spiritual Relationship to Dostoevsky", in Aa.Vv., *Spiritualiy in the Writings of Etty Hillesum*, 147-171.

100 Nella presentazione dell'edizione che contiene il testo del manifesto, Tommaso Padoa-Schioppa cita Etty Hillesum tra i grandi spiriti che hanno pensato e incarnato il futuro dell'Europa. Altiero Spinelli e Ernesto Rossi, *Il manifesto di Ventotene*, Oscar Mondadori, Milano 2006, VI.

I rimandi delle note si riferiscono alle seguenti edizioni dei testi della Hillesum e alle rispettive abbreviazioni:
Citato come *Diario*:
*Diario 1941-1942*. Edizione integrale. A cura di Klaas A.D. Smelik. Traduzione di Chiara Passanti, Tina Montone; Ada Vigliani ha tradotto i brani in tedesco. La collana dei casi. Adelphi Edizioni, Milano 2012.
Citato come *Lettere*:
*Lettere 1941-1943*. Edizione diretta da Klaas A.D. Smelik. Testo critico stabilito da Gideon Lodders e Rob Tempelaars. La collana dei casi. Adelphi Edizioni, Milano 2013. Traduzione di Chiara Passanti, Tina Montone e Ada Vigliani. Cura editoriale di Roberto Cazzola con la collaborazione di Claudia Di Palermo.
Citato come *Het Werk*:
Etty Hillesum, *Het Werk 1941-1943*. Uitgegeven onder redactie van Klaas A.D. Smelik. Tekstverzorging door Gideon Lodders en Rob Tempelaars. Zesde herziene en aangevulde druk. Uitgeverij Balans, Amsterdam, 2012.

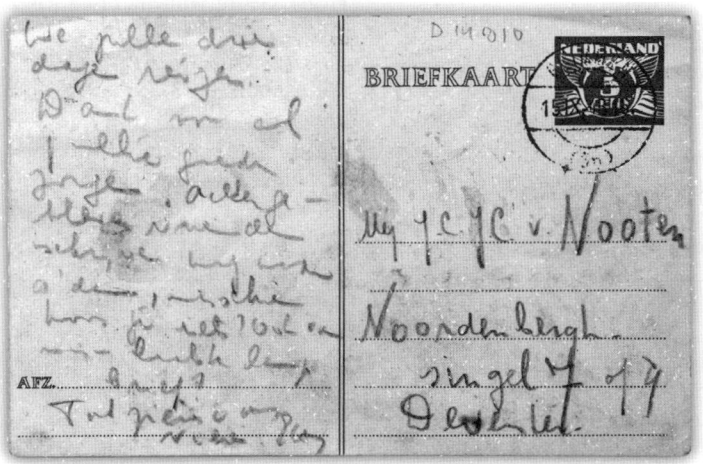

Cartolina postale di
Etty Hillesum,
7 settembre 1943

# Indice dei nomi

## APEIRON Saggi

www.apeironeditori.com